全国人口计生系统

创先争优100例

国家人口和计划生育委员会直属机关党委
国家人口和计划生育委员会宣传教育司　编

中国人口出版社

图书在版编目（CIP）数据

全国人口计生系统创先争优100例 / 国家人口和计划生育委员会直属机关党委，国家人口和计划生育委员会宣传教育司编. ——北京：中国人口出版社，2011.6

ISBN 978-7-5101-0784-9

Ⅰ. ①全… Ⅱ. ①国… ②国… Ⅲ. ①中国共产党-人口-工作-行政事业单位-模范单位-先进经验②中国共产党-计划生育-工作-行政事业单位-模范单位-先进经验③人口-工作-行政事业单位-中国共产党-模范共产党员-先进事迹④计划生育-工作-行政事业单位-中国共产党-模范共产党员-先进事迹 Ⅳ. ①D267.5②D263

中国版本图书馆CIP数据核字（2011）第113607号

全国人口计生系统创先争优100例

国家人口和计划生育委员会直属机关党委
国家人口和计划生育委员会宣传教育司 编

出版发行 中国人口出版社
印　　刷 小森印刷(北京)有限公司
开　　本 787×1092　1/16
印　　张 16.5
字　　数 400千字
版　　次 2011年6月第1版
印　　次 2011年6月第1次印刷
书　　号 ISBN 978-7-5101-0784-9
定　　价 40.00元

社　　长 陶庆军
网　　址 www.rkcbs.net
电子信箱 rkcbs@126.com
电　　话 (010) 83519390
传　　真 (010) 83519401
地　　址 北京市宣武区广安门南街80号中加大厦
邮　　编 100054

责任催生动力　使命铸就辉煌

2011年6月，《全国人口计生系统创先争优100例》让我们提前感受到了夏天的火热。我们被每一位人口计生基层工作者的光荣事迹所感动，更让我们对共同的事业充满了希望。在这一个个感人至深、催人奋进的故事中，我们看到了一个个鲜活的人物，看到了他们用一腔热血书写着人口计生工作的春秋，看到了他们用聪明才智描绘着人口计生事业的明天。

创先争优到底是什么？从这本书中的事例来看，创先争优是一种责任，是一种使命。这种责任和使命来源于对党和国家发展全局和人口计生工作的深刻认知，来源于对人民群众的诚挚情感，来源于对人口计生事业的无比热爱。

创先争优也是一种境界、一种精神。正如一位人口计生干部朴素的话语："人口计生工作已经融入了我的血液。只要我活一天，我就要继续干我热爱的人口计生事业。"平凡的语言中蕴含着永不干涸的精神力量。

人口计生工作说"大"可以很大，它肩负着为国家经济社会发展创造良好人口环境、促进人口全面发展的伟大使命；人口计生工作说"小"可以很小，小到必须走进每一个家庭、面对每一个服务对象。用什么精神去做好这项任重道远而又具体细微的工作呢？一位基层干部说："作为一个共产党员基层干部，上要对得起党和国家，下要对得起百姓群众。"有了这种责任和使命，我们就能用爱心和执著为育龄群众真诚服务，用实际行动践行"以人为本，执政为民"的服务理念。有了这种境界和精神，也就有了大胆创新、勇于实践的不懈追求。

人口计生事业是座大熔炉，让真金淬火愈坚，让好铁百炼成钢。创先争优活动是个好平台，激发活力，催人奋进。在中央决策的引领下、在全面做好人口工作愿景的感召下，多年来，人口计生队伍始终保持着永不停歇的创先争优活力。当前，我国人口计生事业正处于“十二五”关键时期，我们要更加注重创先争优与业务工作的结合、与党员个人需求的结合，以创先争优为动力，自觉服从并服务于改革发展大局，进一步增强党组织的创造力、凝聚力和战斗力，进一步发挥广大党员干部的先锋模范作用，为全面做好新时期的人口计生工作再谱华彩新乐章！

国家人口和计划生育委员会直属机关党委
国家人口和计划生育委员会宣传教育司

目录

北京市

天津市

河北省

山西省

贵州省

云南省

陕西省

甘肃省

青海省

宁夏回族自治区

大连市

青岛市

宁波市

厦门市

深圳市

新疆生产建设兵团

国家人口计生委政法司

国家人口计生委宣教司

国家人口计生委科技司

中国人口与发展研究中心

国家人口计生委药具管理中心

中国人口出版社

北京市

我们的领头雁

2011年3月5日，当忙碌了一周的人们正在享受轻松的假日时，北京市朝阳区人口计生委会议室内，区人口计生委主任史素珍正带领中层干部热烈讨论《北京市朝阳区“十二五”人口发展与服务管理规划》、《朝阳区关于推进婚育新风进万家活动全国示范区工作的意见》和2011年全区人口计划生育工作报告。窗外的光线渐渐暗了下来，可是会议室内的讨论却依然热烈……像这样的场景在朝阳区人口计生委已不知有过多少次。

朝阳区人口计生委工作是快节奏的，这种快节奏适应了朝阳区的发展要求。朝阳区不仅是首都经济发展强区，而且还是人口规模大区，随着经济的快速发展，朝阳区人口聚集速度也日益加快，给朝阳区社会管理和公共服务带来了很大的压力。2007年2月，史素珍担任人口计生委主任后，区领导就提出人口计生委要在职能上从专业部门向综合协调部门转变，在工作内容上从人口战略研究层面向实现人口有序管理拓展的转变。

按照区委、区政府的要求，结合全区开展的创先争优活动，史素珍提出“创一流业绩、争全国先进、提工作能力、促职能转变”的工作目标和统筹人口发

展、拓展工作职能、服务改善民生的整体工作思路，大力宣传倡导“大人口意识”，加快职能转变，推进计划生育工作与服务民生相融合。几年来在她的努力和推动下，区人口计生委领导班子认清形势、落实职责、加强对人口战略研究的领导，强化区域人口战略研究，先后举办三次“朝阳区人口发展论坛”，围绕区域人口发展所面临的重大问题进行研讨，并将研究成果转化为区委、区政府对人口管理的决策，出台了《朝阳区人民政府关于加强人口管理基础工作统筹解决人口问题的意见》（朝政发〔2010〕11号）等统筹解决人口问题的文件。制定“十一五”、“十二五”人口发展规划，并与区相关部门共同建立起人口预警、人口计生工作协调和流动人口管理“三大机制”，在全区初步形成了“大人口”管理格局。

“计生就是民生”，这是史素珍经常讲的一句话。在工作中，史素珍着力将人口计生工作作为打造重要民生工程的目标，积极与部门协调，加强计卫联合，在全区形成了以区计划生育生殖健康技术服务中心为龙头，5家定点医院为支撑，248个街道和地区社区卫生服务中心（站）为载体的计划生育技术服务网络；在全区设立了2 975个避孕药具发放点，形成覆盖全区的药具发放网络；规范完善了全区546个人口文化活动室，开展教育活动，普及生殖健康和计划生育知识；“十一五”期间，对全区32 394人进行生殖道健康检查和免费治疗；对28 866人进行长效避孕节育免费健康体检；积极拓展“青春健康”和“预防艾滋病”项目，建立四家0～3岁儿童早期教育基地，开展早期教育，在服务对象上实现了由以育龄妇女生育为重点向人生全程关爱的转变。与区慈善协会联合实施“生育关怀行动项目”筹措资金520万元，惠及1.8万个家庭，使广大计划生育家庭得到更加全面的关爱。

三年以来，史素珍致力于朝阳区人口计生事业的发展，关心干部的成长，多名干部走上领导岗位。她坚持以身作则，做到政治上做“明白人”，经济上做“清白人”，作风上做“正派人”，用自己的实际行动去影响、带动干部弘扬正气，奋发工作。三年多以来，她没有休息过一次完整的年假，工作没有上下班之分。2010 年 12 月份，她由于工作过度劳累病倒了，住进了医院，但她还坚持全身心地投入工作。在她的带领下，全委上下齐心协力，全力推进人口计生工作，使全区计划生育率始终保持在 97%以上，连续获得北京市人口计生工作模范区称号，朝阳区人口计生委也获得了全国流动人口计划生育工作先进集体等荣誉称号。

【评语】

有一个好的领导，就会带出一个好班子；有一个好班子，就会带出一个好的团队；有一个好团队，就会使这个事业蓬勃发展。好领导以身作则创先争优，就会带出一个创先争优的班子，就会打造出一个创先争优的团队，就会形成一个创先争优的局面，就会结出创先争优的累累硕果。北京市朝阳区人口计生委的实践证明，搞好创先争优，就夯实了人口计生事业健康发展的基础。

创先争优促发展 国策落实显活力

北京市通州区台湖镇现有户籍人口 47 462 人，育龄妇女 11 586 人，已婚育龄妇女 9 172 人。2010 年，台湖镇党委、政府以创先争优活动为契机，紧紧围绕“稳定低生育水平，统筹解决人口问题”这一主要任务，突出重点，把握关键，创新机制，采取“四强化”举措，人口和计划生育工作取得了实实在在的成效，2010 年被评为北京市人口和计划生育系统的红旗镇。

创先争优活动是台湖镇党委、政府优化作风建设、提高工作效率、提高群众满意度的重点工作之一。全镇以创先争优活动为载体，将人口计生工作纳入重点工作和为民办实事的折子工程之一，镇政府以解决计生家庭后顾之忧为突破口，加大对计生家庭经济帮扶力度，制定并实施了对特困计生家庭经济帮扶政策。每年镇政府拨专款解决计划生育特困家庭的生活困难，形成了政府投入、部门落实、计生家庭受益、群众支持的人口计生工作良好局面。

镇党委和镇政府对人口计生工作高度重视，投资 120 多万元，落实了《北京市人口与计划生育条例》规定的各项奖励、经济帮助及计划生育经费，保证了人口和计生工作经费足额到位。镇党政领导班子成员带头学习人口理论，从政策上、经济上、人力物力上给予人口计生工作大力支持，加强领导，强化责任，注重实效，将创先争优落到实处，做到责任落实、措施落实、投入落实，进一步优化了人口计生工作环境。镇政府与 46 个村党支部书记、村委会主任

慰问特困独生子女。

签定了《计划生育目标管理责任书》，镇人口计生工作领导小组成员每季度听取一次人口计生工作汇报，研究新情况，解决新问题，落实“一把手”负责制、责任追究制和“一票否决”制，有效实施目标考核管理责任制，提高了人口计生工作水平。

田玉娥副镇长发放三个文件扶助金。

为了争创人口计生工作先进镇，镇党委和镇政府加强部门协调，积极推进宣传教育机制的创新，并且成立了46个村级计生协，各村建立了人口文化书屋，多措并举宣传人口计生政策、法规、避孕节育知识、婚育新风等，使人口计生宣传教育活动融入到“普法教育、新农村建设、和谐家庭建设”等各项活动中，为全镇创建和谐计生营造了良好的社会舆论环境。镇政府出资统一更换了计生宣传展板和宣传栏，组建了30多支计划生育文艺宣传队，利用宣传员、计生志愿者把各种宣传品和宣传政策逐户发放到育龄群众手中，计生知识知晓率达90%以上。利用“5·29”计生协会日、“7·11”世界人口日、“9·25”中央《公开信》发表纪念日，开展了为贫困母亲捐款、“7·11”文艺汇演及“9·25”人口计生宣传月等一系列群众喜闻乐见的宣教活动，促进了群众婚育观念的转变。

创先争优活动体现在提高群众的满意度上，体现在提升服务能力上，体现在提升工作水平上。镇党委和镇政府重视抓人口计生队伍的思想建设、工作作风建设和服务能力建设。将创先争优活动积极落实到人口计生优质服务工作中，提高创先争优的社会效应。全镇坚持免费为基层46个村1万多名已婚育龄妇女进行生殖健康检查，做到贴心服务、真情服务。对参加检查的育龄妇女全部建立了健康档案，参检人数达到90%以上。同时，认真落实流动人口同管理、同服务、同宣传的要求，定期与北京京通医院联合开展免费为流动人口进行妇女病体检及技术服务活动，对流动人口进行分村、分类、分区管理，实行亲情服务、优质服务，提升了流动人口的人口计生管理和服务水平，群众满意度达 90%以上。

通过开展创先争优活动，台湖镇人口计生工作实现了机制创新、思路创新、方法创新，形成了领导班子带头好、党员发挥表率好、工作机制创新好、工作业绩好、密切群众反映好的五好工作作风，取得了“创先争优重计生，优质服务为百姓”的明显实效。

【评语】

台湖镇的案例说明，创先争优活动极大地激发了基层党组织的内在动力和创新力，推动了党组织建设和干部队伍建设，同时也把政府部门为民谋利、为民服务真正落到了实处，大大地提升了群众对政府和人口计生工作的满意度。

传播生殖健康的天使

赵艳是北京市西城区计划生育生殖健康技术指导中心的副主任，也是一名有着十多年临床经验的大夫、国家级认证的三级心理咨询师。她利用自己的专业特长，多年如一日，以满腔热情为新婚夫妇优生优育、青少年青春期健康提供春风化雨般的温情服务，为流动人口中的育龄妇女生殖健康、更年期妇女心理健康，提供润物无声般的贴心服务，被人们亲切地称为传播生殖健康的天使，也是西城人口计生服务窗口的“明星”。

2005年，西城区开展了以预防出生缺陷、提高出生人口素质为主要目标的“社区健康生育全程服务工程”，主要是依托各社区孕前宣教平台——“健康生育快乐园”，向准孕夫妇提供孕前优生知识。西城区整合地区卫生、计生人才资源，组建了十余人的师资团队，这个团队的组建者和牵头人就是赵艳。从每一位师资专业技能考察、培训到“健康生育快乐园”讲座课件设计、试讲等环节，她都同大家一起研究、交流。为了提高服务技能，她经常带领师资团队参加国家级、市级孕前优生培训，定期组织大家学习、研讨；为方便群众参与，她带领团队在周六、周日深入全区7个街道社区和驻区单位组织培训活动，为群众践行“接受一次培训，交一个医生朋友”的承诺；为提高服务水平，她上建“蓄水池”，联系了近10位驻区大医院的知名妇科专家做技术顾问，把群众个性化问题逐一通过电话、邮件等方式进行咨询反馈。在她的带领下，来自不同医疗单位的师资，各展所长、相互配合，形成了一支富有凝聚力、战斗力的团队。

"社区健康生育全程服务工程"开展六年来，共组织了近600场18 358人次的讲座培训，使"健康生育快乐园"成为西城计生服务的品牌，为人口计生工作赢得了良好的口碑。

赵艳既是组织者，又是一名师资。在社区居民中、在流动人口集中的市场里、在金融街的诸多公司中，都可以看到她开展计生工作的身影；无论是炎炎夏日，还是凛冽的寒风，都阻止不了她对这份工作的热情。每一次讲课前，她都会根据不同人群的特点精心备课，在讲课的过程中，她把医学、心理学、教育学等方面的知识有机地结合起来，把在生育前从生理上、心理上、育儿方面需要做的准备给大家娓娓道来。课后，经常被咨询的人围着问个不停。她虽然顾不上喝口水，耽误了吃饭，但她始终面带微笑耐心地回答每一个人的提问。她说："能为年轻的准父母们生个健康可爱的宝宝提供帮助、为降低出生缺陷发生率做点贡献，我再苦再累也无怨无悔。"她是这么说的，也是这么做的。凭借着对人口计生工作的执著，迄今为止，她已为西城区各个街道和驻区单位中国人民银行总行、新华通讯社、全国政协、国家外汇管理局及流动人口集中的市场授课百余场。她是一名生殖健康知识的传播使者，把健康的种子播洒到社区、企事业单位，播洒到每一个家庭，为促进人口计生工作、促进社会和谐默默地做着自己的贡献。

作为提供技术服务的机构，生殖健康指导中心每天的主要工作是为育龄妇女做孕检。赵艳在工作中不仅认真地为育龄妇女做检查，还耐心地解答她们提出的各种计生及妇科方面的问题，让育龄妇女感受到姐妹一样的关怀。有着多年从事妇科临床工作的经验，赵艳不但医疗技术过硬，更有一颗助人的热心，在进行查环查孕的同时，她为很多人查出了子宫肌瘤、卵巢肿物等妇科疾病。在平时的孕检中，凡是查出有较重问题的，她都会留下她们的电话，定期随访，提醒她们及时检查治疗，那些接到电话的人都非常感动。她们高兴地说："原来以为你们就

只是管我们的，没想到你们还惦记着我们的健康，有你们这样的贴心人，我们在北京感到很幸福。”

赵艳凭借她娴熟的专业知识和技能，更以热心、诚心、耐心和细心的服务赢得了广大育龄妇女的认同和信任，她以稳健的作风、钻研的精神和突出的业绩，先后多次获得北京市级、区级“先进工作者”、“全国计划生育科技大练兵先进个人”等荣誉称号。她以荣誉为动力，不断鞭策自己再接再厉，再立新功。

【评语】

将医学、心理学、教育学知识有机结合，融入计划生育技术服务工作，用爱心和执著为育龄群众真诚服务，用实际行动践行和传播“以人为本，以爱为魂”的人口计生服务理念，用自己的美丽人生描绘创先争优画卷，就能为人口计生大业增色添彩。

在创先争优中实现新的跨越

北京市怀柔区人口计生委自深入开展“创先争优”活动以来，始终以“锤炼队伍、创新发展、服务群众”为目标，加强党建创新，推进成果转化，在创建过程中实现人口计生工作的新跨越。

加强队伍建设，激发干事热情。“创先争优”活动伊始，怀柔区人口计生委要求全体党员干部要强化“四种意识”、坚持“四比四看”、形成“四种风气”、达到“四个一流”。即要强化学习意识、服务意识、大局意识和争先意识；在创建活动中要比学习成果，看素质提高；比工作业绩，看任务完成质量；比团结协作，看和谐团队建设；比服务能力，看群众满意程度。通过创建活动，树立求真务实勤奋工作的风气、互相帮助团结协作的风气、严守纪律清正廉洁的风气、开拓创新奋发向上的风气，最终实现打造一流干部队伍，建设一流和谐机关，实现一流服务水平，创建一流工作业绩的目标。区人口计生委积极开展“一个班子一列‘和谐号’”、“一个支部一个堡垒”、“一名党员一面旗帜”等主题活动，成立党员志愿服务队 3 支，组织志愿活动 32 次，开展“我是党员我承诺”活动，党支部公开承诺 7 件，党员承诺事项 28 件，做到事事有回音、件件有着落，受到了群众的广泛好评，群众满意率为 98%。

怀柔区人口计生委主任杨振富给全体干部上创先争优辅导课。

坚持创新发展，实现新的跨越。创先争优给干部队伍建设带来了勃勃生机，但更重要的是通过创建活动，全区人口计生工作有了质的飞跃。领导干部在活动中，始终思考着如何让人口计生工作真正根植于群众心中，让不同年龄的人群都能享受到人口计生部门的关心与关爱。为此，区人口计生委提出了“人口计生工作要实现面向全社会、面向全人群、面向生命全周期的转型与提升”的工作理念，积极向上级争取资金，建成了北京市第一家由市发改委立项并投资的生殖健康技术服务中心，制定了“打造健康体检、家庭保健和青少年健康教育三个中心，为青少年、育龄群众和中老年三类人群提供以健康体检、健康咨询和健康教育三项内容为主的生命全周期服务”的“3×3”服务模式，得到了上级领导的认可和群众的支持，被评为首批“全国计划生育优质服务示范站”。依托服务中心，为4.8万余名育龄群众进行了免费健康体检，并建立了“康检、随访、转诊、慰问”一条龙长效关爱机制，对病情较重的926人进行了重点跟踪随访服务。

推进成果转化，真心服务群众。创先争优活动归根结底还是要在服务群众上下功夫，为此，怀柔区人口计生委以满足群众需求为出发点，以让群众满意为落脚点，积极推进成果转化。构建了以生殖健康技术服务中心为龙头，以社区卫生服务中心、站为主体，以村居卫生室为依托，以计生流动服务车为纽带的“四位一体”技术服务网络体系。实施了以4个“伴你行”为主题的“阳光幸福工程”，即“送健康、暖民心，生殖健康伴你行”、“送政策、普知识，知情选择伴你行”、“送关爱、育希望，婚育健康伴你行”、“强身体、护心灵，青春健康伴你行”，为全区群众进行免费健康体检、家庭保健、优生优育宣传、青少年健康教育等优质服务。同时，针对群众反映强烈的现实问题，积极开展调研，并协调相关部门制定出台了多项利益导向政策，对独生子女家庭、独生子女死亡家庭、一非一农部分计划生育家庭在股份改革、奖励扶助、经济补偿等方面给予优先优惠。

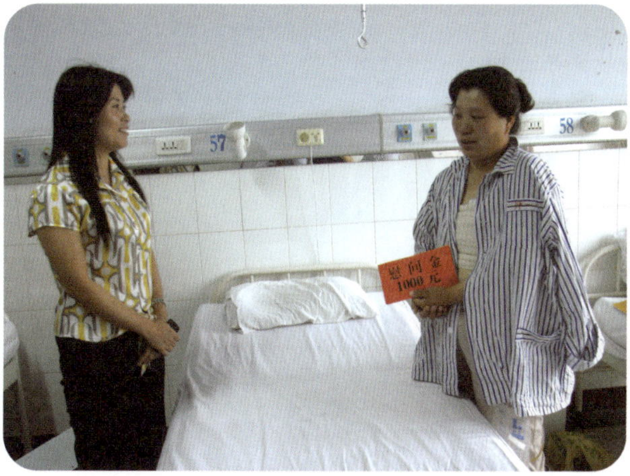

怀柔区人口计生委副主任王月军慰问患病群众。

春风化雨，润物无声，怀柔区人口计生委通过创先争优活动，不但提高了党建工作水平，更实现了人口计生工作新的跨越，彰显了人口计生部门的人文关怀，树立了政府部门的良好形象。他们在2010年获得了“2011~2015年全国婚育新风进万家活动示范区”、“全国计划生育优质服务示范站”、北京市人口和计划生育检查评估工作模范示范区、怀柔区“五好标兵党组”和“巾帼文明示范岗”等称号。

【评语】

以“锤炼队伍、创新发展、服务群众”为目标，要求全体党员干部强化“四种意识”、坚持“四比四看”、形成“四种风气”、达到“四个一流”，抓住创先争优的核心和灵魂，通过开展“一个班子一列‘和谐号’”、“一个支部一个堡垒”、“一名党员一面旗帜”等主题活动，把创先争优落到实处，在创先争优中实现新的跨越，北京怀柔区创先争优的实践值得学习和借鉴。

天津市

阳光贴吧迸射时代新风采

亮点评选展示栏——阳光贴吧。

长230厘米、宽30厘米的柔和红色背景的左边，是20张洋溢着自信、亲切笑容的面部特写。笑脸的右面，是一轮放射着光芒的金色太阳，7个有机玻璃艺术字“我们的阳光贴吧”整齐地排列在太阳图案的右侧……这不是创意公司的文案设计图，也不是一般意义上的宣传展牌，这是天津市河西区人口计生委创先争优活动的专用交流平台——阳光贴吧。2.8平方米的展示牌悬挂在区人口计生委办公区最显眼的一面墙上。贴吧设有“创建学习型机关，争做复合型人才”、“本月榜样科室”、“贴出大人口，贴出大发展，贴出河西计生人风采”、“我们快乐分享，一同成长”等多个栏目，从不同侧面展现出河西区人口计生委开展创先争优活动以来所取得的突出成绩。

从2009年起，河西区人口计生委委党支部始终以党风廉政建设为抓手，坚持学教活动与人口计生工作相结合、相互促进，党员干部的大局意识、责任意识、廉洁意识、风险意识、服务意识得到进一步增强，加强了委领导班子建设；通过建立落实机制、加强监督管理、严格考核奖惩等措施，增强制度执行力，营造了风清气顺、管理有序、运行高效、内外和谐的机关氛围，展示了河西人口计生人的良好形象，受到了社会各界好评。

党员示范窗口。

2010年以来，河西区人口计生委以创建领导班子好、党员队伍好、工作业绩好、群众评价好“四好”先进党支部，争做自觉学习、爱岗敬业、服务群众优秀共产党员为主要内容，充分发挥人口计生部门优势；以创新履行公共服务和社会管理职能为手段，更好地为基层、为企业、为群众做好公共服务，在“深化综合改革、满足群众人口计生需求、提高工作水平”上下工夫，使党支部的战斗堡垒作用和党员的先锋模范作用得到充分发挥。按照为群众谋、为事业谋的宗旨，区人口计生委在创先争优活动中坚持民主集中制的原则，模范执行党支部议事规则和决策程序，充分发挥党支部集体领导作用，在工作决策、人事安排、经费开支、项目安排等重大问题上，坚持集体研究决策，着力建设“学习、创新、服务、高效、廉洁、和谐”机关。以阳光贴吧为载体，积极组织活动。号召全体党员“讲党性、比觉悟，争当思想标兵；讲学习、比能力，争当业务标兵；讲服务、比形象，争当服务标兵；讲奉献、比业绩，争当工作标兵”；坚持每周一次集中学习，每月两次更换贴吧信息，开展政治理论学习和主题教育活动；开展读书心得交流，组织开展业务技能和公务礼仪等方面的岗位练兵活动，打造出一支“思想上有新意、创新上有活力、工作上有实力”的干部队伍。同时，区人口计生委还把创先争优焕发出的积极性引导到以综合改革为中心的工作上来，牢固树立抓人口就是抓发展、抓计生就是抓民生的理念，加强高层倡导、部门联动，坚持人口与发展综合决策。在统筹协调、公共服务、婚育文明、群众自治等方面成效显著，探索出了一条适合大城市中心城区特色的人口计生工作新路子。把婚育文明建设纳入精神文明建设中，把人口文化作为文化大区建设的重要组成部分，从高层次上定位，开展有特色、有品位、有文化内涵的婚育新风进万家活动。为提升社会满意度，区人口计生委以让群众满意为出发点和落脚点，不断改进工作作风，优化服务，最大程度地满足群众的需要。实行全委干部定点定时下基层制度，及时听取基层和群众意见与建议，为群众办实事。通过创新服务措施，开通服务专线、绿色通道、短信服务，提升了服务效能；邀请区人大、区政协监督员参加评议会，发放调查问卷，开门纳谏，提升服务品质，赢得了群众的赞誉，树立了人口计生工作者的良好形象。

党员先锋岗。

【评语】

一个阳光贴吧，贴出了大人口，贴出了大发展，贴出了计生人新风采；创先争优，激发了干部队伍“讲党性、比觉悟，争当思想标兵；讲学习、比能力，争当业务标兵；讲服务、比形象，争当服务标兵；讲奉献、比业绩，争当工作标兵”的士气，促进了人口计生事业发展。

一只手也能撑起一片天

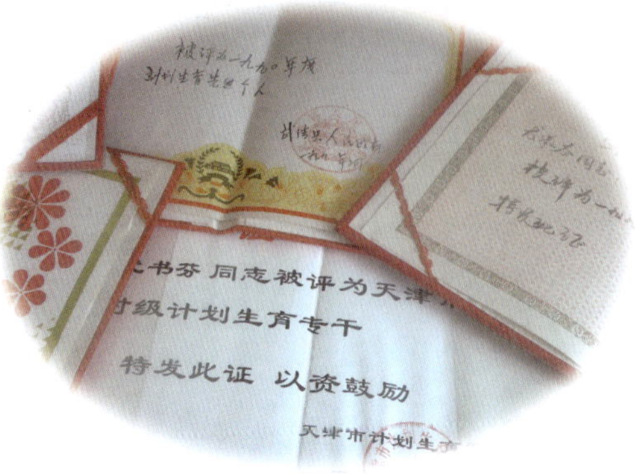

尤淑芬获得的荣誉证书。

天津市武清区泗村店镇太子务村人口计生专干尤淑芬，今年 62 岁，是一名有着 43 年党龄的老党员，从事基层人口计生工作二十几年，连续多年被评为优秀共产党员、计划生育先进个人，荣获爱国好母亲、爱国拥军先进个人、市级文明家庭标兵等荣誉称号，一提起她，人们无不啧啧称赞。

尤淑芬 1968 年入党，1969 年嫁到太子务村。无论在家还是在外，她都是脏活累活抢着干，时刻用党员的标准严格要求自己。天有不测风云，1972 年的冬天，尤淑芬因帮助村里的一位老人铡草，不幸被铡草机铡掉了左手，那时她才 25 岁。丈夫和婆婆安慰她："别难过，有我们呐。"看着婆婆满头的白发和丈夫疲倦的双眼，她突然间明白，自己不能倒下，虽然少了一只手，但还年轻，什么事都可以自己练着干，不能拖累家人。从此以后，各种农活、各种家务她都坚持自己练着干。刚开始时，她连裤子都系不上，抹着眼泪自己练，天长日久，练就出一只手做饭、洗衣服、下地干活的功夫，一点不比正常人差。她笑了，家人也笑了，公公婆婆逢人便说："我家的淑芬真坚强，虽然少了一只手，可一点不比正常人差。"

家庭生活中的她勤劳、自强、不甘人后，工作上她也是兢兢业业、不辞辛苦。1986 年从事计生工作，当时村民思想陈旧，观念落后，许多村民有多子多福的观念，而且重男轻女思想严重，开展计划生育工作困难重重。太子务村比较大，总人口 3 190 人，已婚育龄妇女 697 人，工作量之大，对于一个健康人来说都是超负荷的，更何况她是一个身有残疾的人。但她没有气馁，不管是自己家里的活有多忙，不管是雨雪风霜，无论是清晨还是夜晚，尤淑芬都不知疲倦地出入在村街里巷和育龄妇女的家中，送宣传资料、避孕药具，积极向广大育龄妇女进行计划生育、婚育新风、男女平等基本国策知识的宣传，为他们送科技知识，提供致富信息、种植技术，引导她们少生快富、建文明家庭。在多年的计划生育工作中，她靠着自己的“三勤”（腿勤、手勤、嘴勤），做到了“一清”即底数清，“一明”即情况明，“一达标”即计划生育工作达标。她的辛勤付出，使许多育龄妇女不但转变了婚育观念，而且还积极配合计生工作。许多夫妇主动放弃了二胎生育计划。

尤淑芬在向育龄妇女宣传生殖健康知识。

如今这个村的计划生育工作连续十几年被上级评为先进单位，她也多次荣获了计划生育先进个人的荣誉称号。

二十多年如一日。她坚强、踏实、勤奋、进取，以高度的责任心、满腔的热情，在家人的支持下，用自己一只坚强的手，撑起一片蔚蓝的天空。

【评语】

一名普通人口计生干部，扎根基层，无私奉献，在平凡的工作岗位上追求卓越，实现自身的价值，在点滴的工作中创先争优，用实际行动诠释人口计生事业的崇高，用对事业的无限忠诚描绘出新时期最可爱的人的光辉形象。

铁肩挑重担 服务最基层

史艳芳在向育龄妇女讲解计生政策。

天津市杨柳青镇计生战线上有位久负盛名的女性，她就是镇计生办主任史艳芳。在老百姓眼里，她是一位热爱群众、服务群众、受群众信赖的好干部；在同事眼里，她是一位善谋划、肯钻研、办实事、能创新的好领导；在成绩面前，她不好大喜功；在困难面前，她从不气馁。她从事人口计生工作以来，始终把关心育龄群众利益、千方百计提高人口计生工作水平作为追求和动力。2007 年她被天津市总工会授予“五一”劳动奖章，2008 年被评为天津市劳动模范。

史艳芳 1999 年到镇计生办当主任。上任伊始，她面临重重困难。当时就有几个育龄妇女想政策外生育。她带领科室人员走东家串西家，苦口婆心，加班加点做工作，对育龄妇女动之以情、晓之以理，讲解计划生育政策，讲解人口形势，讲解优生优育知识。精诚所至，金石为开，这几名育龄妇女终于取消了生育念头。

在工作中，史艳芳认真践行“诚信计生”，在执行政策时本着公正、公平、合理的原则去做工作。对一些敏感问题和热点问题如审批二胎，招聘计生专干，享受奖扶、特扶等一律采取公示制度。对符合政策的对象，即使有困难也要帮助解决，不符合政策的一律按规定执行，不让步，不迁就。主持计生工作多年来，她经常收到亲朋好友和一些关系户的电话和条子，要求批二孩给予照顾，都被她一一婉言拒绝。她坚持在原则问题上决不越雷池半步，人民赋予的权利决不能滥用。

史艳芳积极发挥主观能动性，努力在平凡的岗位上做出不平凡的业绩，尽心竭力做好本职工作，争创一流工作业绩。她努力强化服务意识，大力倡导优质服务，寓管理于服务之中，带领工作人员深入一线，加班加点为育龄群众提供免费健康检查。在她的努力下，全镇育龄群众的身体健康水平不断提升。她长期带病坚持工作，2007年年底到医院做了子宫肌瘤摘除手术，手术不到半月，她又回到了单位上班。她说："我只要看见育龄妇女，病就减轻了一多半。"她一心扑在工作上，舍小家、顾大家，牺牲自我，服务基层，默默奉献，表现出了高尚的道德情操。

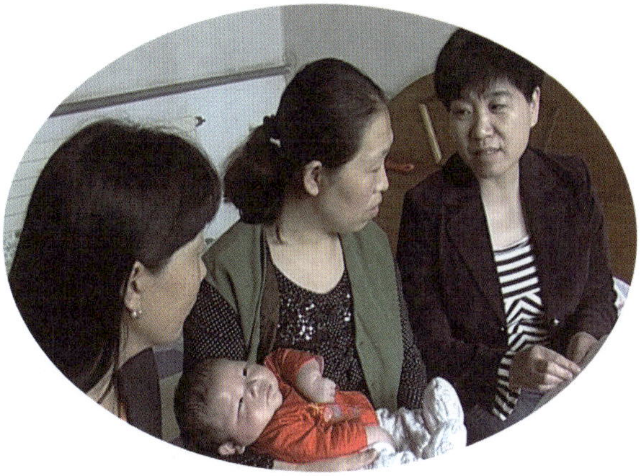

史艳芳同志入户调查。

史艳芳心系人口计生事业，面对困难，挺身而出；面对谩骂，笑脸相迎；面对威胁，坦然处之；面对委屈，默默忍受，以良好的精神风貌和优质的技术服务赢得了广大育龄群众的爱戴。在带领广大计划生育群众少生快富的工作中，她以关爱女性健康、关注幸福家庭为切入点，为构建和谐家庭注入了生机与活力。

【评语】

计划生育人称"天下第一难事"，然而，"天下无难事，只怕有心人"。人口计生战线是一个汇聚"有心人"的熔炉，"有心人"在这里铁肩担道义，维护公信力，一心为人民，服务最基层，迎着困难而上，百炼成好钢！

河北省

创先争优上一流

国家人口计生委副主任赵白鸽来站调研。

创佳绩，争一流，在清河计生服务站已持续了17年。这个站创出的“以事业带产业，以产业促事业”的发展之路，被国家人口计生委誉为“河北清河模式”。在清河计生服务站的辉煌业绩里，闪烁着站长孙彦荣锐意改革进取的精神，浸透着他付出的心血和汗水。

建于1992年的清河计生服务站，第二年就欠下了8万多元的外债，全站50多名职工半年没发工资，面临倒闭。就在这时，孙彦荣临危受命，接过了站长的担子。为了闯出困境，他集思广益，寻计问策，确定了“以事业带产业，以产业促事业”的计生服务发展思路。道路选准了，但前进的路上困难重重；没资金，缺设备，缺人才……然而，在改革者面前，“办法”总比“困难”多。为了解决设备问题，他号召党员带头集资，购买了X光机、CT等大型设备；为了解决人才缺乏问题，他一方面积极外聘专家；另一方面努力培养人才。通过多措并举，终于使服务站走出了困境。孙彦荣的艰辛付出换来了计生服务站的快速发展，实现了四次大的跨越。

第一次跨越：走出困境，扩建住站楼。孙彦荣上任第一年就实现了扭亏为盈，

1994年,投资140万元，盖起了3 400多平方米的住站医疗楼。第二次跨越：实施搬迁，建起现代化计生服务站。2001年，占地36亩，总投资2 600万元，建筑面积1.6万平方米的现代化计生服务站投入使用。第三次跨越：迎来大发展，实施服务站西扩。2006年实施的再次扩建，使服务站运营面积扩大了1倍，打造出了计生服务的更大空间。第四次跨越：延伸了“大人口”服务链条，建成了集“老年服务”、“健康体检”、“不孕不育诊治”、“早期教育”于一体的新型综合服务中心。如今的清河计生服务站，运营面积已由17年前的3 000平方米扩大到5.5万平方米，年服务人次由过去的不足3 000人增长到30多万人次，业务收入8 000万元，雄踞河北省之首。

清河计生服务站，已由过去简单的“四术”，变成了广泛使用新技术服务于人口计生工作的基地。在孙彦荣的带动下，服务站搞科研、钻业务蔚然成风，引进了“无痛分娩”、“腹腔镜宫腔镜微创手术”等大量新技术，使广大育龄群众享受到了优质服务。17年来，实施避孕节育手术无一例差错事故。2010年，他们在创先争优活动中，开展起“比谁业务水平提高得快，创出的新技术多”的“比创”活动，把钻研业务、创新技术推向了新的平台，全年引进开展了15项新技术，使计生服务站成为冀东南地区极具影响力的服务机构。

夯实基本公共服务基础、增强服务能力后，孙彦荣没忘突出服务站的“公益性”服务宗旨，服务站的3辆下乡服务车，每年保证有3个月上门为育龄群众服务的时间，已累计服务30多万人次；推行了育龄群众持《上站本》、《独生子女父母光荣证》来站就医费用减免30%的优惠政策，累计为群众减免各项费用2 000多万元。清河计生服务站在不断发展中，逐渐形成了涵盖育龄人群、婴幼儿、老年人的特色服务格局，构筑起了“新婚指导、优生优育、早期教育、避孕节育、家庭保健、全民健康、老年服务”的服务体系。在2010年的创先争优活动中，孙彦荣着力做好延伸“大人口”服务链条文章，成立了“不孕不育诊疗中心”，拓展了对不孕不育人群的服务

时任国家人口计生委副主任江帆到服务站视察指导。

开诊。一年来已对600多对不孕不育夫妇进行了诊治，其中已有165对夫妇顺利怀孕。积极探索独生子女父母养老保障途径，投资3 200万元建成一座集养老、保健、娱乐为一体的“老年服务中心”……

孙彦荣创造出的业绩令人赞叹，也得到了领导和群众的一致认可，他先后被评为河北省劳动模范、全国万名计生手术无事故先进个人、燕赵计生国策十佳、享受国务院特殊津贴专家及全国“五一”劳动奖章获得者。清河计生服务站也进入了“全国计划生育先进集体”行列。2010年，河北省人口计生委发出了“在全省人口计划生育系统深入开展向孙彦荣同志学习的活动”的号召。

【评语】

“清河模式”不仅是孙彦荣在创先争优道路上所取得的骄人成果，更是人口计生系统在创先争优活动中不断超越、不断发展的真实写照。创先争优为人口计生事业注入了强大的活力，使千千万万个孙彦荣如雨后春笋，使千千万万个清河服务站层出不穷！

创先争优 推进利益导向机制创新

2010年11月9日和21日，中央电视台1频道和4频道分别在《新闻联播》和《中国新闻》栏目播出《河北元氏率先在全国成立计划生育家庭关怀扶助中心》节目，对元氏县在创先争优活动中结合实际创新利益导向机制的做法给予了高度评价和充分肯定。

独生女贫困家庭在计划生育家庭关怀扶助中心。

创新利益导向机制，建立计生家庭关怀扶助中心，是元氏县在新形势下深入开展创先争优活动的一个缩影。2006年以来，元氏县抓住中央出台一系列民生普惠政策的有利时机，把落实党中央在《公开信》和三个《决定》中向人民群众作出的郑重承诺作为重要责任，每年都出台计划生育优先优惠政策，初步形成了计划生育利益导向“2+7”政策体系。为把“2+7”政策体系涉及的各项优先优惠政策落到实处，着眼于以民为本、便捷高效的原则，创新工作运行机制。2010年5月份，元氏县率先成立了计划生育家庭关怀扶助中心，成为落实计划生育优先优惠政策的有效平台；制发《元氏县计划生育家庭优先优惠一证通》，方便了计生家庭办理各种优先优惠事项，还通过强化领导、健全制度、规范运作等各种保障措施，使关怀扶助中心真正成为便民利民的有效载体。

让育龄群众全面分享改革发展的成果，得到更多实惠，是元氏县开展创先争优活动的出发点和落脚点。2006年以来，全县累计投入计生惠民资金349万元，惠及6 704个计划生育家庭。关怀扶助中心成立以来，为计生家庭解决诉求事项

关怀扶助中心工作人员对计生家庭上门发放《元氏县计划生育家庭优先优惠一证通》。

4类136人次，通过转办函交办相关部门受理32件。2011年2月2日，该县发生儿童溺水伤亡事件后，关怀扶助中心立即启动紧急救助预案，实行现场办公，根据当事人申请和有关政策规定，为4户家庭办理了生育第二个子女的生育服务证，同时发放了扶助金。关怀扶助中心对计生家庭的及时救助，彰显了党和政府在经济发展的同时始终惦记为国家做出突出贡献的计划生育家庭，赢得了群众的高度称赞，受到了社会各界的好评。

在“2+7”政策体系基础上，元氏县还梳理规范了对全县独生子女和双女户的优先、优惠、免费、特惠等4大类27条涉及13个惠农部门的计划生育家庭优先优惠政策，真正成为涉及生老病死各个阶段“惠一生”的计划生育利益导向政策体系，还设立了30万元计划生育救助公益金，实现了全民普惠政策与计划生育家庭优先优惠政策的有效衔接。为60名考入国家本科院校的农村计划生育家庭独生子女和双女发放助学奖励金9.15万元；对农村主动落实计划生育节育手术的育龄群众给予了奖励；为农村18周岁以下独生子女家庭、城镇低保独生子女家庭和军人独生子女家庭免费办理意外伤害保险，入保5.1万元；依托县计划生育技术服务站建立了计划生育家庭健康体检中心，对农村奖扶、特扶家庭，城镇独生子女父母退休家庭进行一年两次的免费健康检查；对就读于县公办学校初中、小学的29名农村计划生育独生女寄宿生发放2 900元的成长关怀扶助金和学习用具；对农村计划生育独女、双女户家庭父母死亡的家庭，给予丧葬补助金；为依据有关规定，农村计划生育贫困家庭、特困家庭发放奖扶和特扶金200余万元。并逐年加大利益导向机制建设投入力度，在更深更广的层面上惠及民生，为和谐社会建设做出了突出贡献。

元氏县就创先争优活动抓典型促全局，把创新计划生育利益导向机制作为工作的一条主线，全面夯实基础，提高整体工作水平，最终使计划生育利益导向机制建设顺应了民意，结出了丰硕之果。计生利导机制建设的不断深入，一系列计生惠民政策的有效落实，赢得了育龄群众对计划生育工作的衷心拥护和支持，促进了广大群众生育观念的改变，群众实行计划生育的主动性和自觉性不断提高。2010年，元氏县综合节育措施落实率达到90.83%，领取《独生子女父母光荣证》的家庭和主动放弃再生育计划的家庭逐年增多，低生育水平得到进一步巩固，整体工作水平实现了新的跨越。2007年以来，元氏县连年被市委、市政府评为人口和计划生育工作先进县，2009年被评为河北省计生新闻宣传先进县，2010年被省委、省政府评为先进县。

元氏县政府副县长对考入国家本科类院校孩子的特困家庭发放困难补助金。

关怀扶助中心工作人员对计生家庭上门发放《元氏县计划生育家庭优先优惠一证通》。

【评语】

以创先争优活动为动力，不断创新计划生育利益导向机制，建立和完善利益导向政策体系，形成新的工作运行模式，实现国家普惠政策与计生特惠政策的衔接，让计生家庭全面分享改革发展的成果，彰显了创先争优在新时期人口和计生工作中的重要支撑和载体的作用。

辛勤耕耘三十载　甘为国策献终身

曹荣国已经73岁，是河北省南宫市南便乡曹家庄村计生协秘书长，是一位有着50年党龄的普通农家妇女。从1974年开始，她就在曹家庄村主抓计划生育，1983年第一个自愿加入了村计划生育协会，并担任村计生协秘书长20多年。30多年来，她积极组织会员群众开展“自我教育、自我管理、自我服务”，把协会工作做到了会员和会员联系户的心坎上，使农村“第一难”的计划生育工作变成了群众的自觉行动。自1995年以来，她所在村连续15年实现了无政策外生育。曹荣国也先后被评为全国计划生育先进工作者、河北省计生协十佳志愿者、“全国人口计生系统新时期最可爱的人”。

在协会工作中，曹荣国善于采取群众喜闻乐见、便于群众参与的形式做好宣传教育工作。她坚持每季度在村“会员之家”组织会员集中学习，除了学习党的计划生育方针政策外，还根据农时季节的不同和产业需求，聘请乡农业技术员来村举办种植、养殖等不同类型的技术培训班，使会员既掌握计生政策又学到科技致富的本领。曹荣国还定期走访联系户，积极解决联系户在思想、生产、生活等方面的问题。曹荣国最拿手的“法宝”是利用文艺形式进行宣传。她组织会员群众中的文艺骨干成立了协会文艺宣传队，以本村实行晚婚晚育、坚持终身只要一孩、尊老爱幼、男到女家落户等方面的先进人物、模范事例为题材，把党的人口计生方针政策和富民政策编成群众喜闻乐见的节目，有些节目是婆媳同台、夫妻同唱、全家共演，劳动之余，欢声笑语传遍村庄。中央《决定》发表后，她利用两个晚上的时间赶排了《学决定》文艺节目进行宣传，把中央精神及时传播到千家万户；《中华人民共和国人口与计划生育法》、《河北省人口与计划生育条例》颁布实施前后，曹荣国自编节目10多个，利用元旦、春节、传统庙会等节日，除在本村演出外，还到附近十几个村庄演出。为进一步扩大影响，曹荣国又成立了一个女子锣鼓队，被南宫市副市长、计生协第一副会长李平然命名为计划生育新风锣鼓队，并在2002年南宫市春节晚会上一炮走红。

在开展会员帮带活动中，曹荣国把生活困难的家庭作为自己的帮带对象，在帮助他们发展生产致富的过程中，使他们体会到孩子少、牵累小，有精力发展生产的道理，坚定群众少生优生的信念；同时，她还组织会员户成立浇地、机耕、收打等服务小分队，帮助缺少劳动力的计生家庭解决生产中的困难。发动会员帮助孤寡老人料理生活，调解邻里纠纷，化解家庭矛盾，是曹荣国的又一项热心事。对怀孕妇女，曹荣国坚持经常看望，定期陪同去医院检查；对生育一胎的产妇42天后、生育二胎的产妇1个月后，她登门做思想工作，帮助她们落实节育措施；对采取了节育措施的人员，坚持进行回访慰问；对患不孕症人员，积极想法帮助检查治疗。“有事找荣国”，成了村里群众的口头语。

如今，曹荣国虽然从秘书长位置退下来了，但作为计生协一名老会员，她仍然心系协会工作，在基层组织建设、创新宣传形式和内容上，发挥着余热。作为一名计生协会最基层的老志愿者，曹荣国在创先争优活动中，为国旗增光，为发展助力，为国策奉献，为群众谋福。

【评语】

计划生育协会组织是人口计生战线的前沿阵地，坚守这块阵地，就能取得人口计生工作的主动权、话语权。然而，如何能够真正把这块阵地守好，是检验计生协领导者和工作者的试金石。曹荣国坚守计生协阵地几十年，使协会工作进入了“有事找荣国”的境界，真正使协会组织扎根在了群众之中，使协会精神根植在群众心中，使协会工作在人口计生系统创先争优中展现风采。

山西省

无悔青春 壮丽人生

在广灵县人口计生局，提起发展规划股股长邓兴华同志的名字，人人都会赞不绝口。这位毕业于华北工学院电子信息工程系的大学生，2004 年被分配到县人口计生局办公室工作；2007 年，在全员人口数据大集中的关键时刻，勇挑重担，担任了发展规划股的股长。四年来，他以娴熟的业务能力、忘我的工作态度，为全县人口和计划生育信息化建设做出了重要贡献，受到了上级领导的高度评价。广灵县人口计生局于 2007 年在山西省全员数据大集中劳动竞赛中荣立集体三等功，邓兴华个人被评为山西省全员人口数据大集中先进个人，并连续四年被县委、县政府评为计划生育先进个人。

临危受命，打造高素质的信息化队伍。2007 年，按照省、市计生委的安排和部署，全省全员人口数据大集中工作拉开了序幕。为了加快全县人口信息化管理的步伐，县计生局领导决定抽调有专业技术能力的业务骨干担任发展规划股股长，组织和指导全县的人口和计划生育信息化工作。邓兴华听到这一消息后，主动找到局领导说：“局长，我是电子信息工程系毕业的大学生，受过系统的培训和教育，就让我来承担这一工作吧！”望着邓兴华殷切的目光，局长当即拍板，任命他为县人口计生局发展规划股股长。从此，广灵县人口和计划生育信息化工作的主要技术工作便落到了邓兴华的肩上。

谁都知道，在短期内，要把全县 18 万人口的信息全部录入计算机，其工作难度有多大。邓兴华知难而上。他首先做的第一项工作就是组建一支业务能力强的计算机工作队伍。经过局领导批准，各乡镇调配了计算机人员，并在县人口计生局备案；第二项工作，就是紧锣密鼓地开展培训工作。为了保证按时完成全员人口信息数据大集中任务，他反复研究数据大集中要求及各个阶段可能出现的技术问题，并在计算机上进行实践操作，对出现的问题及时解决。在培训中，他对整个录入流程都进行了现场示范指导。他还把入户核查、变更录入口径等工作要领

县委书记刘振国同志调研人口信息化建设。

编成通俗易懂、便于掌握的培训讲义供学员学习使用。在局领导的直接关注下，邓兴华组织各乡镇计算机操作人员对硬件设施进行了全面升级，全部配齐了计算机，为全员人口信息管理系统的运行奠定了坚实的基础。

攻坚克难，确保人口数据质量。经过邓兴华同志的精心努力，全县人口信息管理系统于2009年5月正式联网运行。为了提高全员人口信息的完整性和准确性，邓兴华常年都工作在基层，吃住在基层，巡回于乡镇之间，进行现场指导，24小时不关机，随叫随到。提高人口信息完整率和准确率最大的难点是在外务工人员。为此，邓兴华每到一个乡镇要做的第一件事就是由信息员逐村逐户对外地务工人员进行认真的调查了解。经过几个月的艰苦工作，他终于摸清了全县人口数据，为后期工作奠定了坚实的基础。

基层的底数摸清后，更繁重的任务即是对全员人口信息进行审核和改错。为了能尽早完成这一任务，邓兴华对出现的每一条信息数据差错都进行详细的研究，以便给乡镇计算机操作员讲解如何更改。邓兴华每天在计算机前一坐就是十几个小时，繁重的工作使他患上了肩周炎，有时关节疼得连摸鼠标都很费力。每到这时，他总是咬紧牙关，继续坚持工作，确保全员人口信息系统的高质量运行。

2010年的一个秋天，他刚坐在计算机前，妻子就打来了电话说孩子患了重感冒，急需去医院。一边是紧迫的攻关任务，一边是家庭私事，他耐心地跟妻子说："你先带孩子去看医生。"说完，他就放下了电话，又投入到了紧张的工作之中。

经过邓兴华两年的顽强工作，广灵县的全员人口信息管理系统运行稳定，各项工作步入正轨，在2009年山西省目标责任制考核人口信息数据反馈中，广灵县人口计生局的得分名列全省第一，2010年，广灵县的全员人口系统各项指标均位居大同市前列。

【评语】

关键时刻，挺身而出；困难当前，临危受命；面对工作，勇挑重担，这是新一代人口计生工作者的形象，也是广大人口计生工作者的楷模。汗水和心血为人口计生事业添砖加瓦、增光添彩，让创先争优鞭策自己在加速前进，必将赢得人生更大的收获。

“甜蜜工程”幸福你我他

“今天的这笔爱心资助金就如寒冬中送来的炭，饥饿中送来的粮。它给我温暖，给我鼓舞。9 月份，我要到兰州开始我的大学生活，我将把我所接收到的温暖传递给他人，我将满怀虔诚之心，帮助那些急需帮助之人，给予他们生活的勇气。”这是 2010 年第七届太原市计划生育甜蜜工程“关爱女孩爱心助学”发放仪式上，一位受助大学生的心声；“来了就能查，百姓很方便”。这是一位正在进行优孕风险评估的育龄群众对我们的计生工作人员说的。

普普通通的话，反映出群众对太原市人口计生工作的肯定。以上只是太原市人口计生委开展“甜蜜工程”创新性品牌工作的一个缩影。多年来，太原市人口计生委围绕人口计生中心工作，坚持“贴近实际、贴近生活、贴近群众”的方针和“以人为本、服务群众”的工作理念，按照“要做就做最好，要创就创一流”的要求，开展了“三查两补一治疗”、生育绿色通道、出生缺陷干预、斯利安免费发放、婴幼儿早期教育、关爱女孩爱心助学、青春期性健康教育进校园、流动人口“六个一”等活动为内容的计划生育“甜蜜工程”工作。在创先争优活动中，太原市对照“五好”标准，发挥全市人口计生党员干部特别能吃苦、特别能战斗、特别能奉献的精神，不断增强创新意识，提高人口计生工作质量。

太原市人口计生委对创先争优活动非常重视，让公开承诺成为太原市计划生育“甜蜜工程”的推手。在工作中，他们紧紧围绕处室的中心工作、围绕太原市计划生育“甜蜜工程”，从单位、处室、个人分三个层面层层进行了公开承诺，有力地推动了全市人口计生“甜蜜工程”持续有效地开展。太原市各级人口计生部门创新设计了近百种适用于生产、生活、装饰、庆典、工

关爱女孩。

艺、纪念用途的宣传品，并且根据不同人群的特点，自编有育儿优教的婴幼儿早期教育教材，婴幼儿早期教育抚育家长手册，适合男生女生阅读的青春期读本，独生子女行为教育读本、适合老年、中年、青年的男性生殖健康读本等。在电台、电视台、报刊广泛宣传的同时，还开设了太原人口网站、古交市计划生育家庭短信群发系统、万柏林区热线咨询电话和计生 QQ 群。结合城市改造和城市美化，建立了国策墙、国策一条街，在汾河公园、饮马河公园、龙潭公园、城西水系、玉门河公园、迎泽公园、晋祠文化生态园、清徐醋都公园等大型景区公园建立了专门用于计生宣传的人口文化园区。

太原市人口计生委从 2004 年起为农村孕妇免费发放 6 个月的叶酸片斯利安，2009 年又把发放范围扩大到流动人口家庭，并把编写得生动精美的预防出生缺陷科普画册免费发给婚龄人群；从 2006 年开始又在全市 34 家医院开通了生育绿色通道，为 1.3 万多孕产妇提供分娩免费接送、减免住院费用的优惠服务；从 2005 年起开展了流动人口“亲情化管理、温馨式服务”活动，与常住人口一样同宣传、同服务，为“新太原人”赠一份慰问信、发一份宣传品、送一份避孕药具、搞一次免费普查、帮办一次证件、开展一次免费维权援助的“六个一”服务活动；从 2006 年启动校园青春期教育活动，每年在全市 200 多所大中学校开设青春期知识图版的巡展活动，把青春期应注意的生理、心理、社会方面各 100 个问题编成男生篇和女生篇，每年免费分别发到新入学的男生和女生手中。从 2008 年开始试点，2010 年在全市采取学校、社区、家庭三方联动的模式全面开展独生子女行为教育，并把编写的独生子女行为教育读本《行为习惯决定命运》免费发给独生子女家庭；从 2004 年开始坚持每年对全市农村计生贫困女儿户开展关爱女孩爱心助学活动，从市人口计生委的经费中支出，每年在各县（市、区）举办一次爱心助学金发放仪式，到 2010 年共帮助中小学生近 2 000 人次，大学生 100 多人，总计金额 70 余万元。和教育局联合为计生双女户施行中考加十分的优惠；从 2006 年开展婴幼儿早期教育，从县县建立起早教中心，到村村都有早教辅导员，自编婴幼儿 0 ~ 3

早教人员进户服务。

岁智能体能启发家庭手册和光盘，免费发给新生儿父母，杏花岭早教中心开展了早期教育进社区活动。针对80后不会抚养婴幼儿的状况，自编婴幼儿早期抚育家长手册，免费发给家长。

2010年太原市人口计生委又引进由全国医学专家担纲的优孕风险评估系统，在全市设立了90个免费评估点，帮助想生育孩子的夫妻选择最佳怀孕时机，提出化解出生缺陷风险的方案。全年共对近13 000名孕妇孕情进行了评估，避免了84例高风险出生缺陷的发生。太原市人口计生委还不断强化服务意识，提高服务水平，为流动人口提供“十免费”服务：免费提供计划生育“四术”服务，免费提供查环查孕、生殖健康普查服务，免费提供避孕药具服务，免费提供《流动人口孕检证明》办证服务，免费提供出生缺陷干预服务，免费孕前风险评估服务，免费提供家庭随访服务，免费提供“生育绿色通道”服务，免费提供开展独生子女行为教育服务，免费发放0～3岁婴幼儿早期教育手册。2010年，国家人口计生委、中央综治办、财政部、人事部等4部委把太原市确定为2011年的流动人口计划生育公共服务均等化试点城市之一，并成为中宣部、文化部、教育部等13部委确定的婚育新风进万家活动示范市。在2010年的政风行风评议考核中，太原市人口计生委连续四年被市委、市政府评为优秀单位,被省政府评为政风行风先进单位，被省政府授予双拥模范单位，连续两年被市政府授予文明标兵单位。

【评语】

坚持“贴近实际、贴近生活、贴近群众”的方针和“以人为本、服务群众”的工作理念，按照“要做就做最好，要创就创一流”的要求，在创先争优活动中对照“五好”标准，发挥全市人口计生党员干部特别能吃苦、特别能战斗、特别能奉献的精神，不断增强创新意识，将创先争优活动融入计划生育“甜蜜工程”，提高人口计生工作质量，实现创先争优、人口计生双赢，太原市走出了一条创先争优的创新之路。

内蒙古自治区

把工作和责任看得比生命还重的人民公仆

姜雪梅（右二）在世界人口日发放宣传品。

在内蒙古兴安盟科右前旗计生局,有位被育龄姐妹们亲切地称作“知心大姐”的好局长，她就是姜雪梅。这位从来不知道疲倦的计生局局长，在各项工作陆续进入国家和自治区先进行列之际，却因为长期超负荷工作病倒了。她靠着自己的顽强和坚韧，两度闯过“生死线”，成为全区计生工作的领跑者。

科右前旗是全国典型的“老少边穷”地区。姜雪梅从 2002 年 8 月份担任科右前旗计生局局长那一刻起，就以强烈的使命感和紧迫感全身心地投入到了人口计生工作中。上任不久，她就对分布在全旗 21 个苏木乡镇的计生工作马不停蹄地进行了历时 30 多天全面深入的调研。她很快发现了五大难题：计生服务站建设落后，有的是有名无实；乡级经费没有保障，账目不清；计生队伍力量弱，能力低；贫困计生家庭和女孩基本没有救助；出生缺陷发生率居高不下。面对困难，姜雪梅并没有退缩，她立足实际，谋划长远，制定了“带出一流队伍、营造一流环境、提供一流服务”的高标准工作目标。以忘我的拼搏精神，带领同志们取得了在全自治区“五个率先”、“三个领先”的优异成绩。

早在 2005 年，她从促进“少生”与“快富”同步实现的需要出发，在政府领导的支持下，积极协调有关部门，对全旗计生家庭给予奖励。建立了对计生贫

市人口计生委帮扶点准旗不连沟村饮水工程启动仪式。

困家庭的长效救助机制，救助贫困女孩 106 名，受益群众逾千人。在她的积极努力下，科右前旗于 2006 年率先启动了出生缺陷干预工程。2008 年被确定为自治区试点，建立健全了“婚前教育、孕前筛查、孕期促进、产后监测”全方位立体干预工作模式，已惠及群众 43 606 人。提高了计生技术人员工资等待遇，基本达到了事业单位干部岗位工资标准，并上了保险。9 年来，姜雪梅协调各方累计投入 1 000 多万元，重建了建筑面积 3 000 平方米的旗级计生服务站，新建和改扩建乡级服务站 21 个，村级服务室 99 个；配备各类医疗设备 300 台件，分三批为乡站配置了 43 台计生服务车。如今，全旗旗乡两级计生服务站全都达到了规范化、花园式标准，村服务室实现了“五有一配套”目标。这些建设对于一个区级贫困旗来说，简直就是奇迹。自 2005 年以来，旗计生局先后对旗乡两级计生技术人员全部进行了公开竞聘，优化了技术队伍，加大了对计生干部的培养力度，除集中培训、分批调训、外出培训外，还从实际需要出发开展了“十大比武”岗位练兵活动，创造性地实行了从旗局（站）选派干部下乡参加月例会制度，把“将每一件事做到最好”作为计生工作格言予以贯彻，促进了服务质量的提高。计生机构编制及人员有增无减。姜雪梅担任局长的 9 年中，几经机构改革，但人口计生人员编制不但没有减少，而且还根据实际情况得到了增加。

人们说，姜雪梅就像一阵春风，到哪就给那里带来温暖。的确是这样，无论走到哪里，她心里想的都是群众，是工作，是干部，她一直在超负荷工作。在她的带领下，科右前旗人口计生工作硕果累累，先后获得了“全国人口和计划生育科技工作先进集体”、“全国婚育新风进万家活动先进县”、“全国人口文化工作先进集体”、“全国计划生育优质服务先进县”、“内蒙古自治区‘十五’期间人口和计划生育工作先进旗县”等荣誉。她本人曾八次被科右前旗委、旗政府评为优秀领导干部，在抗击非典工作中荣立三等功，被盟委、行署授予“三八红旗手”的光荣称号。2010年1月26日，内蒙古自治区人口计生委做出了《关于开展向姜雪梅同志学习活动的决定》，她成了全区人口计生系统学习的排头兵；2010年4月26日，被自治区人民政府授予“2010年内蒙古自治区劳动模范”的光荣称号；2010年9月20日，被内蒙古自治区党委和政府授予全区“人口计生30年特殊贡献奖”。

创先争优活动启动仪式现场为计划生育贫困家庭发放奖励资金。

【评语】

姜雪梅用女性柔弱的双肩，勇敢地承担起“天下第一难”的重任，十年如一日，用执著、用真诚、用永不言退的创业激情战胜困难，战胜疾苦，践行着一名人民公仆全心全意为人民服务的铮铮誓言，也践行着创先争优的本质内涵。

鄂尔多斯高原上的人口文化大市

富裕起来的鄂尔多斯人，越来越需要精神的熏陶和文化的滋养。鄂尔多斯市人口计生部门顺应形势的发展和群众的需求，以开展人口文化工程建设为载体，深入推进创先争优活动，使科学、文明、进步的婚育新风和家庭人口文化更加深入人心。在鄂尔多斯市出台的《全市人口文化工程建设五年规划（2010~2015年》中，明确了把鄂尔多斯市建设为“自治区人口文化大市”的奋斗目标。把人口文化工程建设与创先争优活动、建设文明村镇、文明社区、和谐家庭相结合，争取相关部门支持和社会资金投入，实现共建共赢。截至目前，全市累计投入850万元用于人口文化工程建设，突出地域文化特色，打造人口文化宣传品牌，收到了良好的社会效益。

达拉特旗五股地村人口文化大院依托现有村委会大院建成，院内设置了能够容纳50人的学校、藏书5 000多册的图书阅览室、音乐器材齐全的娱乐活动室、温馨优雅的服务室以及室外体育健身活动场地。目前，全市共建成达拉特旗南红桥村、准格尔旗柳青梁村、杭锦旗伊和乌素苏木、鄂旗赛乌素苏木等18个人口文化大院。农牧民闲暇之余，纷纷来到人口文化大院读书、看报、学习、娱乐、锻炼身体，追求着一种时尚、健康、文明的生活方式，精神面貌焕然一新。通过

人口文化大院。

草原上的人口文化活动。

人口文化大院利用远程教育、互联网等信息资源优势，为广大农牧民开辟了一条畅通、便捷、高效的农产品供求信息通道。人口文化大院成为沟通群众的连心桥。人口文化大院的建设成果，也使广大群众充分了解了党的惠民富民政策，深切感受到了党对人民群众的关心，坚定了加快发展，齐心协力奔小康的信心。团结互助、尊老爱幼的新型人际关系开始形成，婆媳关系、妯娌关系、邻里关系得到有效改善，积极向上、和谐融洽的良好氛围蔚然成风。

受人口文化大院的启发，考虑到居住偏远的农牧民该怎样引导，鄂尔多斯市在宣传载体上创先争优，把实行计划生育积极性高、经济条件好的婚育文明户、致富带头户和“牧家乐”旅游户建设成人口文化户。在户中配备计划生育书籍和宣传资料；制作人口文化宣传墙和宣传牌，展示人口文化户勤劳致富的典型示范作用；同时开展丰富的文化活动和培训活动，让群众在娱乐活动中了解人口文化、“婚育文明、性别平等；计划生育、优生优育；生殖健康、家庭幸福”等内容。

民间秧歌队在人口文化大院表演。

观看人口文化剪纸。

周玉莲家住准格尔旗布尔陶亥苏木，她是一个爱说爱笑爱唱的人，她自筹资金创办了人口学校，组建文艺宣传队，将计生政策、优生优育宣传语编写成当地群众耳熟能详的漫瀚调进行演唱。市人口计生委因势利导，将她家建设成人口文化户，她的积极性更是受到鼓舞，不仅广泛传播婚育新风和家庭人口文化，还带领周边农民学习种养知识，传递科技致富信息，被妇女们亲切地称为“姐妹们的贴心人”。达拉特旗白泥井镇的武国战家也是人口文化户，他将自家700多平方米的院子建设成宣传阵地，腾出8间房子设置成生殖健康服务室、图书室、娱乐室、远程教育室等，使育龄妇女不出村子就能接受生殖健康体检，领取计生药具，还能观看婴幼儿教育光碟等。他们还组建了自己的文艺演出队，不仅在本村演出，还常常受邀到周边村子进行宣传演唱。乌审旗、鄂托克旗、鄂托克前旗结合新牧区建设，将传统草原民俗文化、旅游文化和家庭人口文化和谐统一起来。全国道德模范乌兰其其格家住乌审旗，她家也自然成为人口文化户，走进她家，首先映入眼帘的是高耸的蒙古包与砖瓦结构住宅相结合的庭院，家中一件件具有蒙古族风情的生产生活用品都镶嵌着“和谐计生、人口文化”的红色字样，格外醒目，让渴望了解蒙古族文化的游客，在接受传统民族文化的同时感受到了婚育文化的风采。目前，全市共建成人口文化示范户 30 余户,成为人口计生创先争优活动宣传载体，开辟了适应草原特色的人口计生宣传新途径。

人口文化宣传阵地除了人口文化大院和人口文化户，全市各个旗区各具特色，因地制宜，充分体现民族地域文化特点。在经济发展较快、人口集中的城镇，进行了人口文化公园（广场）建设，将创先争优活动引向深入。重点通过人口文化雕塑作品点缀，打造集文化教育、休闲娱乐、绿化生态三位一体的人口文化主题公园，从信息传播、知识渗透、形象感染入手，使前来游玩的群众在潜移默化中树立新型婚育观念。准格尔旗投入 100 多万元在新建设的南山公园建成人口文化园，其中应用 14 尊雕塑作品阐释了“优生优育”、“男女平等”、“关爱母亲、关爱女孩”等人口问题；伊金霍洛旗、杭锦旗在社区开展了人口文化广场建设，杭锦旗锡尼镇社区人口文化广场以“唱响人口文化八部曲”为主题，由 8 个雕塑作品展示新婚、怀孕、产期、早教、幼教、青春、更年到夕阳的人生历程；准格尔旗、伊金霍洛旗、鄂托克前旗创建了高标准的“人口文化一条街”，制作灯箱宣传牌，以图文并茂的形式，融知识性、趣味性为一体，宣传计生国策，弘扬婚育新风，形成了全方位的宣传格局。

【评语】

形式多样的人口文化建设工程，让婚育新风和家庭人口文化在鄂尔多斯高原扎下了根，更让创先争优工作充满了生机与活力。以实现科学发展为中心，在人口计生宣传教育和婚育文化、家庭人口文化建设上创先争优，开展群众喜闻乐见、寓教于乐的人口文化建设，成为创先争优活动中的一大亮点。

阳光照我家

十年风霜雨雪，十年苦尽甘来，十年旧貌新颜，在街坊邻居们羡慕眼神的注视下，我家充满阳光和欢笑的社区板房蔬菜直销店正式营业了！母亲一面得体地接待买菜的邻居，一面打理着新鲜干净的蔬菜。和所有菜店一样，我家水嫩新鲜的蔬菜是大棚菜农直供，但和其他蔬菜小店不一样的是：我家小店还多了一个家庭人口文化读书角和社区避孕药具供应橱柜，还有优质服务和知情选择科普资料。街坊邻居来了，既能享受优质价廉的购物服务，还能从人口书刊报纸和宣传图册上享受到人口文化的熏陶，并且领取他们需要的药具，有的还可以和我老爸杀上一盘象棋，听我父母讲述这个没花一分钱建起来的蔬菜直销点背后感人的故事，一同感受和憧憬着阳光照耀下的幸福生活。昂头看看25平方米的温暖板房，昂头看看墙上婚育新风进万家“全家福”和精美的宣传画，昂头看看门头赛罕区人口计生委授予的金光闪闪“新型家庭人口文化、家庭发展能力建设示范户”的牌匾，这一切的一切真是像做梦一样！

我的家在美丽的大草原内蒙古呼和浩特市赛罕区中专路办事处地勘院社区，2000年，在别人的眼里是很普通的一年，但命运之神把我家抛向了命运的低谷——早已下岗的爸爸因为车祸成了终生残疾，身体羸弱的妈妈撑起了这个饥寒交迫、摇摇欲坠的家！靠给街坊做点针线活儿、浆洗衣服来贴补家用，而只有几岁的我，就在那一年一下子长大了！命运之神抛弃了我们，幸运之神又眷顾和帮助了我们这个历尽贫苦、风雨飘摇的独女家庭走上充满阳光的振兴之路！

记得那是一次学校运动会，同学们穿戴整齐早早由家长护送来到操场，同学们手里都拎着各式各样的零食，只有我两手空空。大概我眼巴巴瞅着同学零食的眼神触动了妈妈敏感的神经，她小声问我："我给你买点什么吃吧！"我故作不在乎地说："不用，还是回家吃饭吧！"

日子一天天艰难度过，好像别人的世界都是阳光灿烂，只有我的世界里阴雨不断！别人的爸爸在上班挣钱，我的爸爸在医院花钱，别人的妈妈在给孩子撑起蓝天，而我只能选择成长为妈妈的柱子，才能帮她支撑起摇摇欲坠的家——我们一家三口的小小天下。我仰起头，我坚强，我不哭，可是我也只是一个孩子啊！我也想爸爸妈妈送我上学，也想偶尔和爸爸妈妈撒娇，提一两个"无理"的要求，可是我不敢，也不能，我害怕再有那么一点小小的风浪，我的家就会在瞬间土崩瓦解，不复存在！

漫漫长夜中突然出现了一丝曙光，赛罕区人口计生委和中专路办事处计生办的叔叔阿姨来了，他们协调民政部门为我家办理了低保，我家的日杂小店在他们的帮助下也建立起来了，这个7平方米的小店是我们家的全部希望。多少个晚上，我一边帮妈妈卖货，一边在货架上写作业，这是我的家，计生办为我家播下了可以种出阳光的种子，我们一定要好好呵护她，让她长成大树。那时候一天好的话可以有十几二十块的收入，那在我家已经是一笔让全家晚上可以笑出声来的事情了。

再苦的日子也不会停下脚步，2004年，我参加了全国青少年外语口语大赛，幸运地进入了决赛，可是2 000元的参赛费难住了我，要知道这笔钱可是要我们一家三口不吃不喝大半年才能攒下来，我再不懂事，也知道和父母开不了这个口。这次又是计生办的叔叔阿姨帮了我，他们跑上跑下，协调有关部门帮我凑齐了费用，我捧回了金奖，让帮助过我的好心人没有白费心血。之后，我又以优异的成绩考上了高中，但是我选择了能给我减免学费的附中就读，那是我在当时的情况

下做出的正确选择。也是在那一年，一张“关爱女孩结对帮扶登记表”送到我手上，还是计生办的叔叔阿姨协调驻区单位与辖区内的贫苦女孩结成帮扶对子，我有幸成为其中一员，顺利完成学业！2009年，我获得了“全国十佳自强女孩”的称号。2010年，我考上了山东大学，又是计生办的叔叔阿姨协调中国移动集团内蒙古有限公司给我落实了学费，让我可以安心读书。

父母的年纪越来越大了，我们经营了十年的小店因为周围环境的改变已经很难再经营下去了。赛罕区人口计生局、中专路办事处又帮我家建起了蔬菜直销点，联系大棚菜农直销蔬菜和日用副食，我爸妈信心十足，面积比以前扩大了3倍。在店里卖菜不仅仅为了挣钱，也是为了让更多的人了解国策，了解如何增强家庭发展的能力，了解我们这个社会怎样努力创建一个个“幸福家庭”，也了解像我这样在风雨飘摇的家中的女孩怎样在风浪中站稳脚步，了解我们培育的太阳苗是怎样长成太阳树，结出阳光温暖我们的家，并且一步步扩散出去，温暖更多的人。我一步一个脚印走着，每一步都离不开计生亲人们的搀扶、帮助。2010年4月19日，我光荣地加入了中国共产党，也让我懂得了赛罕区人口计生局、中专路办事处积极在创先争优活动中更加注重增强家庭发展能力的建设和培育，更加注重培养我们社会责任的担当和积极开展新型家庭人口文化的建设，也才有了前面我说的一切。这些计生系统的叔叔阿姨们是我最好的榜样。

【评语】

从一个独生女孩从艰难困苦中一步步走向阳光、成为“全国十佳自强女孩”的案例中，我们看到的是基层人口计生部门在创先争优活动中不断创新，把以人为本的理念贯穿在人口计生全部工作之中，将人口计生工作的内涵与外延不断拓展，使这项工作真正成为以人为本、促进人的全面发展的工作，使“新时期最可爱的人”的精神面貌得到充分彰显。

国策暖人心

通辽市出生缺陷干预现场会。

通辽市位于内蒙古自治区东部，总区域面积6万平方公里，人口318万人，是自治区第二人口大市，其中蒙古族人口152万人，约占全区1/3和全国人口的1/4，是全国蒙古族人口最集中的地区。近年来，通辽市人口计生委认真贯彻中央《决定》精神，确立了“求实、创新、发展、提高”的工作目标，在做好常规工作的同时，转变理念，积累经验，改革创新，探索新路，为全市经济社会协调可持续发展创造了良好的人口环境。

首先，通辽市人口计生委实施了“一杯奶”生育关怀行动。“一杯奶”生育关怀行动是指为全市城乡（含流动人口）政策内怀孕妇女孕期每人每天免费提供250克牛奶的一项民生工程。2008年，在扎鲁特旗先行试点，2009年，按照“政府主导、部门实施、协会运作、企业参与、科技支撑、综合监管”的模式运行。目前，累计投入1 780多万元，发放牛奶62万件，使政策内近5万母婴受益。自治区推广了通辽市的做法，作为全国首创民生项目于2009年荣获国家人口计生委创新奖。其次，积极开展婴幼儿早期教育工作。自2007年起，通辽在全市范围内开展了0～3岁婴幼儿早期教育工作，现已建有一定规模的早教基地18家。2010年，霍林郭勒市0～3岁婴幼儿早期教育工作接受了国家评估验收，成为全国首家政府主办的早教基地和通辽市首家“中国人口早期教育暨独生子女培养示范区”。

再次，狠抓了青少年健康和青春期教育工作。一是将关爱青少年健康列为民生工程，2010年投资600万元开展了300所学校校医室和心理咨询室建设，为所有学校配齐了校医；二是利用中小学校、青少年培训教育基地、人口文化学校，开展人口与计划生育基础知识、青春期生理卫生知识、辅导家长等项教育，促进青少年健康成长。第四，探索建立了出生缺陷干预工作机制。建立了县、镇、村三级监测与干预网络、出生缺陷一级预防基线档案、农村牧区优生遗传远程交流平台、优生优育与出生缺陷数据库等7个数据库和1个信息平台。开展了宣传倡导、健康促进、优生咨询、高危人群指导、孕前优生健康检查、优生四项检测等工作，累计使450万人次受益。其中科左中旗建立的“蒙古族男性生殖资源数据库”被纳入“中国男性生殖资源数据库”，“出生缺陷预防及治疗方法研究”被自治区列为科技发展项目。2011年，科左中旗被国家人口计生委、财政部确定为“国家免费孕前优生健康检查项目”第二批试点县。

通辽市还积极创新工作模式，统筹解决人口问题，打造和谐计生。首先，建立了人口目标管理考核新机制，从改革考核考评内容、方式、手段入手，探索了以分组负责、分类管理为主体的“人口计生目标管理不均衡考核法”和以人大、政协委员等社会公众评价的“引入第三方参与考核评估的考核法”。其次，探索建立了服务站管理新模式。在确保服务站常规业务的基础上，积极拓展范围，增设与计划生育相关的服务项目，确立了双轨并行管理机制。推进队伍建设职业化，对村级计生工作员全部实行“县管、乡聘、村用”，全市村级计生工作人员全部享受与村书记、村长同等工资待遇。目前，旗、镇两级技术服务人员比例达到80%以上。同时按照国家标准，新改扩建服务站（室）39个，配备流动服务车90辆，市县镇三级计生服务机构达到103个。注重服务内容多样化，在免费做好常规服务的同时，开展宣传教育、优生指导、药具发放、信

自治区“一杯奶”生育关怀行动启动仪式在通辽举行。

息咨询等服务项目，并拓展到了男性人群。技术服务规范化，严格按照卫生部门的执业标准开展服务，市、旗两级服务站在具备计划生育执业许可证的同时，均取得了卫生部门颁发的医疗许可证。全市 4 个旗县已创建为国家级优质服务单位，其余 4 个已创建为自治区级优质服务单位。再次，建立了流动人口管理和服务新模式，积极推进流动人口计划生育服务管理区域“一盘棋”，与 11 个兄弟盟市和人口流动较多的省外和周边地区建立了《双向管理协议》；建立了流动人口“一站式”管理服务大厅，创建了计划生育“1+1”（计生部门 + 相关部门）等工作模式。最后，关注人口老龄化问题，针对通辽市 60 岁以上老年人口占总人口比例已超过 10%的现实，不断健全社会保障制度，积极推动社区养老服务机构建设，认真执行农村部分计划生育家庭奖励扶助制度，在实现老有所养上取得了新的进展。

2007~2009 年，连续 3 年被内蒙古自治区党委、政府授予人口和计划生育目标管理责任制考核优秀奖，被通辽市委、市政府授予实绩考核突出单位；2009 年度，被自治区党委、政府授予“稳定低生育水平长效机制建设奖”和“县乡服务站机制改革奖”；2010 年被中国计划生育协会授予全国计划生育协会先进集体。

【评语】

确立“求实、创新、发展、提高”的工作目标，在做好常规工作的同时，转变理念，积累经验，改革创新，探索新路，为全市经济社会协调可持续发展创造良好的人口环境，这在少数民族聚居地区，尤其难能可贵。在通辽市人口计生系统所获得的一系列荣誉背后，无不闪耀着彰显创优争优在民族地区人口计生工作中所迸射出的光芒。

辽宁省

争创一流的惠民团队

“从群众满意的事做起，从群众不满意的事改起。”这是鞍山市人口计生委在开展创先争优活动中人人牢记的座右铭。

创先争优活动伊始，鞍山市人口计生委召开专题会议，制定出《党总支创先争优活动实施方案及考评办法》，提出了“一个班子一条心、一个领导一面旗、一个党员一盏灯”，争创作风一流、队伍一流、服务一流、业绩一流的建设目标。在党组织中展开了“学习郭明义，我们怎么办”的大讨论，将“六讲六比”，即讲政治比素质、讲学习比能力、讲作风比效率、讲团结比贡献、讲纪律比廉洁、讲文明比形象贯穿于创先争优活动全过程。

讨论中，党员个个受到教育，个个找到差距，个个明确方向，个个洋溢出爱岗敬业、无私奉献的昂扬激情，掀起了人人争当学习型、敬业型、奉献型优秀共产党员的热潮。2010年年底，市计划生育服务中心被市直机关工委命名为“郭明义式先进集体”，王颖同志被命名为“郭明义式先进个人”；全委同时表彰了8名优秀共产党员。

2010年，鞍山市人口计生委将创先争优活动与深化人口计生综合改革工作相结合，强化“以民为本、为民服务”的宗旨，着眼群众多层次、个性化的计划生育、生殖健康需求，围绕“生命关爱全周期，家庭关怀全方位”，实施了旨在

提高计划生育群众健康、解决贫困计生家庭困难、促进家庭和谐幸福的“暖家惠民”工程，做出了真心实意为民、真情服务惠民的公开承诺。在实践中，鞍山市人口计生委确立了以家庭为单位，以计生服务体系为平台，以构建奖励扶助政策体系为保障，以创建优惠救助模式为支撑的工作运行模式。整合避孕节育知情选择、生殖健康促进、出生缺陷干预、人口早期教育、青春期教育、男性健康、更年期保健等项目，创新“计生阳光热线”、“婚育新风进万家”、“三送”服务、流动人口“三通”服务、农村独生子女父母奖励费“直通车”发放、“妈咪宝贝 QQ 群”、“育嫂超市”等载体，全力满足群众多元化的计划生育需求。运用“奖、优、扶、免、补、济”等措施，广泛开展计划生育家庭关爱活动，建立起经济上扶助、精神上慰藉、生产上扶持、生活上关怀、医疗上保障、就业上优先的关爱帮扶体系。如今，钢城百姓中流传着这样一句顺口溜：“计生工作思路新，普惠政策得民心，家庭健康共促进，幸福关爱暖人心。”

鞍山市人口计生委把创先争优活动与系统绩效考核和创新工作相结合，建立科学的管理和评价体系，在坚持“三线考核”的基础上，实施了以“双轮驱动，项目运作”为牵引，以一县一区一品一特色为目标的管理考核新机制。工作中，他们对全地区重点工作、创新工作进行归纳，整理出全市重点、难点和创新工作项目并制定出项目任务书。在年度系统工作会议上，各县（市）区根据自身工作实际和地区发展方向，在与市人口计生委签订《目标管理责任书》。市人口计生委根据各项目任务书所规定的质量标准、进度时限、群众评价等方面进行考核，并辅以督察督办、限期整改、一票否决和通报嘉奖、以奖代投等奖惩措施，激励县区发挥自身工作优势，大胆创新实践。通过改革考核评估体系，全市人口计生系统工作争先、服务争先、业绩争先的活动更加深入人心。

2010 年，是鞍山市人口计生委竭诚为百姓解难题、办实事最多的一年，也是满载荣誉的一年：先后荣获“辽宁省文明机关”、“全国婚育新风进万家活动第四阶段示范市”、全国人口计生工作综合改革示范市，被辽宁省推荐为全国人口计生工作先进集体；并荣获了鞍山市突出贡献机关、鞍山市政风行风和软环境建设先进单位、全市落实党风廉政建设责任制和惩防体系建设优秀单位等荣誉称号。

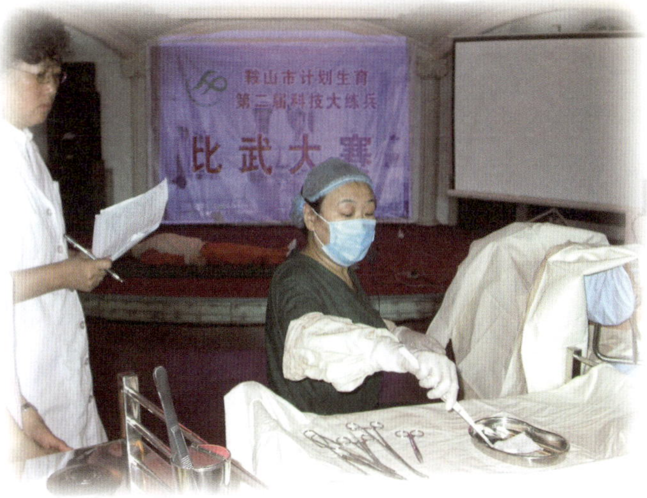

【评语】

以“暖家惠民”作为创先争优活动的主旋律，谱写出一曲勇于探索、勇于创新、乐于奉献的奋进凯歌，成为全国创先争优活动宏伟画卷中绚丽的色彩。

计生宣传战线上的“拼命三郎”

现任辽宁省辽中县计划生育宣传站站长刁宝成是辽宁省“十大计生宣传标兵”，沈阳市“十佳宣传站长”，省、市“人口文化建设先进个人”，市政府“计生先进工作者”。他在30年人口计生事业里，甘于奉献、执著拼搏，无怨无悔，被省、市计生系统誉为宣传战线上的“拼命三郎”。

从部队复员，有着摄影、美术专长的刁宝成，由于工作出色被组织任命为宣传站站长。从上任那天起，他就为自己和全站人员立下了一条规矩，一定要为全县育龄群众打造适合他们的精神文化盛宴。通过制订宣传方案，开展走访、调研等工作摸清了育龄群众的需求。他从基层人口文化建设入手，策划、创作、制作适合农村宣传题材的专题片。几年来，他坚持自己扛着电影机下乡，跑遍了全县21个乡镇，263个村，每次下乡放电影、展放宣传板、广播宣传万余场。他一直全身心投入人口计生事业，从不动摇。有多少次，外单位高薪聘请，都没打动他的信念，始终不渝坚守计生岗位。由于他的不懈努力，全县宣传工作形成了艺术与立体、特色与多元的宣传模式，得到了省、市的认可，并在全省推广。

为人实在的刁宝成，干起工作来，踏踏实实，兢兢业业，他只要干工作就没白天没黑夜。近年来经他策划建设完成了东、西部人口文化走廊，8个文化广场（大院），19个标志性公益宣传板，11处人口文化漫画墙，书法式固定标语135条，沿途40公里公路一侧设立钢筋水泥预制板标语88块。他设计的乌杨40公里人口文化走廊，被省人口计生委誉为“辽宁生育文化第一路”；杨士岗社区三

王堡生育文化亭被沈阳市计生委誉为“沈阳人口文化第一亭”；杨士岗镇杨士岗社区的生育文化漫画画廊被评为“沈阳十佳精品”。随处可见的计生宣传标语、宣传板，无不凝聚着他的心血与汗水。2009年夏，刁宝成和他的同事披星戴月、头顶烈日、风餐露宿苦干了一个月，完成了辽中镇年家屯村文化书屋和周边硬件环境建设。书屋成为全国新家庭文化屋的样板。

熟知刁宝成的人都知道他是一个多才多艺的人，他的专长是摄影、摄像，而且美术、书法、漫画样样精通，文字功底也很强，这对一名宣传干部来说，真是如鱼得水。他曾多次为省、市计生委策划、设计、制作大型展览。2007年，他亲手设计了“三新”生育文化系列丛书、中心户扇型工作展示板和宣传板，制作的计生宣传文化专题片，在参加省、市评比中获得奖项。

“功夫不负有心人。”刁宝成的工作得到了各级的肯定，宣传站连续25年被市评为甲级站，省、市计生宣传示范站，省、市政府计生先进集体。在2010年辽宁省、沈阳市计生委、省军区计生领导小组联合举办的纪念《公开信》30年“情系国策心连心”大型文艺活动上，刁宝成代表全省计生工作者作演讲说：“为人口计生事业我无怨无悔，我骄傲我是计生人。”

【评语】

一名农村基层普通计生宣传干部，用责任和执著，才干和奉献，智慧和拼搏，创新了人口计生宣传工作方式和内容，塑造了新时期农村人口计生干部的时代形象。

育龄群众的贴心人

邓捷同志是辽宁省东港市前阳镇副镇长，分管人口计生工作 11 年。她多年如一日，把自己的满腔热情和主要精力投入到人口计生事业之中，成为丹东地区人口计生系统开展创先争优活动的模范。她始终坚持利为百姓谋，把有限的资金投入到为育龄群众办实事上。在她的协调下，镇政府为计生办配备了计划生育服务车，改善了优质服务条件。2009 年在镇财政资金紧张的情况下，积极争取财政资金的支持，并利用国债资金 42 万元，在位于镇中心地带投资建设工程总造价 89 万余元、建筑面积 500 余平方米的前阳镇人口和计划生育中心服务所，于 2009 年 10 月 4 日正式落成并投入使用。它的落成为全镇两万多名育龄妇女以及周边乡镇的育龄妇女提供了更优质的服务和一流的就诊环境。

一支“特别能吃苦、特别能战斗”的队伍对于做好人口计生工作至关重要。在计生专干队伍建设上，她特别注重选拔年纪轻、责任心强、有敬业精神和奉献意识的干部到计生办工作，被选拔上来的干部平均年龄 37 周岁，全部是本科以上。干部队伍“年轻化、知识化”，工作开展更加得力。为了让服务所的专业技术人员工作更安心，管理上更规范，她多次打报告、找领导、想办法，为她们解决全额拨款事业编制问题，使她们能够全身心地投入到为育龄群众优质服务的工作当中。在村妇女主任和中心户长队伍建设上，她也特别强调要由具备群众威信高、政治素养好的年轻人担任。同时坚持每季度组织开展一次计生工作培训，由她自

己和计生专干轮流讲课，优秀妇女主任介绍计生工作先进经验，不断提高这部分人的整体工作水平。针对农村税费改革、村集体经济收入减少的情况，她多方积极争取，采取了“政府补一点，村里拿一点，社会筹一点”、中心户长兼任村民组长等办法，实现了中心户长人员不少、工资不减、工作不撂。他们的工资待遇始终保持在全市最高水平。经过多年的努力，她培养出了一支“想干事、能干事、能干成事”的计生干部队伍，既保证了这支队伍的稳定性、完整性和工作的连续性，又确保了全镇的人口计生工作的触角延伸到每个家庭。

邓捷认为，做好人口计生工作，为育龄群众提供优质服务是根本。她紧密结合农村计生工作和育龄妇女生产、生活的实际，坚持以服务为核心，以中心户长为主体，以育龄妇女为对象，组织开展了计生工作“十上门”活动：青春期宣传服务上门；婚前期指导服务上门；新婚期服务上门；避孕节育期知情选择送药具上门；更年期保健上门；落实政策办理生育手续上门；宣传品发放上门；“三情”检测上门；流动人口服务上门；致富信息宣传服务上门。“十上门”活动的开展，实现了把温暖和关爱送到了育龄群众的心坎上，体现了“以人为本，优质服务”的计划生育工作宗旨。这项活动在全国得到推广。从2005年开始，她还根据人口计生工作的特点和要求，总结多年的工作经验，在全镇组织开展了计生工作优质服务“五心”工程活动。一是开展宣传教育活动，让群众开心。每年举办一次“一条街”服务活动，开展一次“关爱女孩暨普及法律知识竞赛”；举办一次“前阳镇计划生育协会会员才艺表演大赛”等活动。全镇育龄妇女人口计生知识知晓率达到95%以上。二是广泛开展避孕节育知情选择服务，让群众舒心。措施落实及时率、有效率达到100%，综合节育率达到95%以上。三是开展优生优育服务，让群众放心。为降低新生儿出生缺陷发生率，提高出生人口素质，坚持不懈地开展了“三送”服务和“三优”教育系列服务。四是开展生殖保健服务，让群众称心。镇中心服务所每年对全镇育龄妇女进行两次免费“三情”普查，满足群众对计划生育技术服务和生殖健康咨询的需求，促进生活质量的提高。五是开展生产生活服务，使群众暖心。“五心”活动，使广大育龄群众和计生家庭得到了实惠。邓捷同志也被群众亲切地称为“办实事”的好领导。所在单位先后荣获“全国婚育新风进万家活动先进集体”、“全国人口和计划生育科技工作先进集体”、辽宁省“计生工作先进单位”、“家庭健康促进计划先进单位”等荣誉称号，连续多年被评为丹东市、东港市计划生育工作红旗单位。这个能被群众称为“领导干部”的最小的官儿，在本职岗位上做出了大成绩，真正成为了计生工作的“领头雁”，育龄群众的“贴心人”。

【评语】

把贯彻党和国家的人口计生政策与本地人口计生工作的具体实际相结合，坚持完善服务、创新机制、攻坚克难，把满腔热情和全部精力投入到人口计生事业之中，成为人口计生工作创先争优活动的楷模。

奉献计生 无怨无悔

我叫王永利，今年56岁，是辽宁省沈阳市苏家屯区八一镇来胜村第一中心户户长。几十年来，我从风华正茂的青年到两鬓苍苍的老者，始终站在农村人口计生的第一线，用全部身心和满腔热情为我的农民姐妹们服务。特别是近几年来，从传播“婚育新风”、“建设新农村小康户”入手，手把手地教群众致富技能，经常带领农家妇女外出学习，开阔了她们的眼界，转变了她们的婚育观念，提升了她们的生活质量，咱村的面貌大变样。如今的来胜村，家家忙致富，户户奔小康，这里既是全区设施农业的示范点，也是新型人口文化的传播点。

我是辽宁省第一批计生中心户长。我一直在农村最基层从事人口计生工作。当时，面对“天下第一难”的计生工作，家里人都不支持。但我始终坚持信念，执著不悔，永葆激情，一干就是31年。我是一个农民，没有人比我更了解农民想什么、盼什么。因此，当别人都在全力抓人口数量控制的时候，我的另一手就开始抓为计生家庭妇女脱贫，开展各种服务了。记得那是20世纪80年代中期，我们村的小李由于生活贫困，年近40才娶妻，生一女孩后，为了“延续香火”，他让妻子以外出串门为名准备超生一孩。我了解到这一情况后，坐了一天的火车，又走了几十里的路，多方打听才找到他的妻子，在那整整呆了一个星期，才做通了他妻子的工作。咱农村老话，帮人帮到底。为了帮助他家彻底脱贫，我多方联系，通过镇里协调，为他找到了一个机械维修学校，那个年月呀，我用自己攒的300元钱替他交了学费，专门学习针织机械的维修，学成后，每天都能挣个四五十元。一年后，我又协调村里，帮他家盖起了两间大瓦房，他家生活好了，别人都来效仿，我一连帮助了 8 户脱贫，就这样，我在十里八村出名了。

我在帮助群众致富的同时，还在中心户设立了农家图书角，利用各种宣传资料，向村民进行生殖保健、避孕节育、优生优育等知识宣传。还请区计生宣传站帮助制作了图文并茂的计生宣传示板，农闲时组织妇女集中观看。我坚持每年 4 次组织育龄妇女进行健康检查。通过我的服务，我服务的村民婚育观念有了很大的转变，“生男生女都一样”在村民中已形成共识。有一次，得知外地村民小张的妻子怀孕 3 个月了，经过检查发现胎儿有缺陷，经过我细致做工作，小张自觉带着妻子到医院采取了终止妊娠措施。之后，我经常到他家讲解优生优育的知识，2 年后，他们有了一个健康的孩子。我村的小孙，婚后 4 年一直没有怀孕，抱孙心切的婆婆先是冷言冷语，后来常常指桑骂槐，我知道后，一边做她婆婆的思想工作，一边风雨不误地带她多方求医问药，小孙终于怀上了孩子，如今婆媳关系非常融洽，她们感动得逢人就说:“有难题就找户长。”

2009 年，我这个中心户被辽宁省沈阳市作为文化资源共享工程的基层服务点，还获得中宣部授予的“服务基层、服务农民、服务群众”的先进集体称号。自打那时起，我就利用广电和人口计生部门为我们中心户免费安装的机顶盒，组织中心户育龄群众收看省文化信息资源共享工程的各种信息，帮助群众开展致富项目。从各类信息中我得知人们对于绿色蔬菜具有巨大需求的信息，于是我和中心户的姐妹们共同商量研究，在全区成立了第一个绿色农业合作社，并逐步实现了产、供、销一体化，为农民群众开展生产致富提供服务。村民们一年四季“暖棚种绿色蔬菜”都是农忙，每个农户没有时间和精力去推销自己的产品，我就每天不停地在各农家大棚户、养殖户奔波，帮助解决实际困难，在第一时间把各种信息传递出去，并在中心户里开展了“订单”服务，针对村民需求提供对应服务。村民将需要写在“订单”上交给我，我在“共享工程”栏目中查找村民需要的信息、知识，将其写成“信息卡”、“明白卡”分别送到村民家中。2009 年一年，我送出信息卡 856 张，向村民推荐致富项目 42 个，帮助村民增收近 30

万元。2007 年镇组织参观学习大棚种植，我大开眼界，回村后我马上带头搞起了设施绿色农业，当年利润就达 5 万多元。实验成功后，我吸纳了全村的大棚户，帮助他们引进种植项目，寻求技术帮助，跑产品销路。仅仅这一项就给村里的收入增加了 500 多万元。在我的带动下，村里的设施农业取得了初步成功，可我觉得现在是经济大发展的时代，同时也是绿色低碳的时代，我们应把握机遇，乘胜前进。我把目光瞄向了有机棚菜，成立了“吉利绿色蔬菜合作社”，研制复合农家肥，使有机菜产量高、味道好，不易产生病虫害。去年冬天，仅有机蔬菜一项，就让合作社村民多收入 1 万多元。现在，我们来胜村的生活条件好了，业余生活也丰富了，我又组织起了民间业余秧歌队，兴建了来胜村人口文化活动中心，村民们的业余生活更丰富多彩了，精神面貌也变了，计生中心户也越来越受农民们的认可了。2010 年在我们村换届选举中我被全票推举为村妇女主任。

一分耕耘一分收获，我们中心户的工作得到了国家、省、市、区各级领导的关注，我们的经验在全国会上做了交流。2010 年，我被评为人口计生事业“全国十大新闻人物”，9 月 21 日到北京人民大会堂领奖，如今，国家、省、市各级领导接见我的照片都挂在中心户，这更激励我为建设社会主义新农村，进一步做好人口计生工作作出更大贡献。虽然我快 60 岁了，但是我对计生工作的热情一点未减，我会牢记总理对我们的希望，继续把农村的人口计生工作做得更加出色。

【评语】

当一个个农村妇女在她的帮助下走上致富之路，她是快乐的；当一户户计生农家在她的帮助下脱离贫困，她是幸福的；作为一名普通农村妇女，把成为一名优秀的人口计生中心户长当成人生最大的成就，从中体验人生的真实价值，这种奉献计生、无怨无悔的崇高精神境界，值得倡导学习！

吉林省

创先争优 助推人口计生工作前进

吉林省辽源市生殖保健医院。

近年来吉林省辽源市人口计生委紧紧围绕“推进人口计生科学发展，打造和谐惠民计生”，在全市人口计生系统开展了创先争优活动，推动了机关党的建设和政行风建设，连续3年在全市政行风测评中名列前3名。

市人口计生委首先从建设业务素质高、思想作风正、甘于奉献、勇创一流的人口计生干部队伍入手，强化基层党的组织建设，发挥党员的先锋模范作用，筑坚强堡垒、树先锋形象。结合党性教育，深入开展“一岗多能”知识竞赛活动，逐步形成了“比学习、比奉献、争创一流工作业绩”的良好工作作风。其次，以计划生育技术服务“市区一体化”改革为载体，进一步整合市、区计划生育技术服务资源，全力打造高标准、高质量市级计划生育技术服务机构。投入1 300万元建设成3 000平方米的计生服务中心，彻底改善服务环境，不断增强服务功能。组织开展免费孕前健康检查，加大出生缺陷一级干预力度，有效降低了出生缺陷的发生。同时，定期组织技术服务人员深入城区所辖乡（镇、街）开展查环、查孕、查病服务，完善长效服务管理机制，将职责、任务具体落实到人。此外，把关心、关爱计划生育家庭作为出发点和落脚点，切实帮助计划生育家庭解决实际困难和实际问题。在全面规范、落实农村计生奖扶制度和特扶政策的基础上，自2005年开始，市人口计生委紧紧抓住国企改革的有利时机，将市直改制和破产企业所需计生奖扶和特扶资金纳入企业改制和破产预案，同企业改革同步进行；将市直机关、事业单位及无单位市直企业奖励经费纳入财政预算，全面兑现城镇计划生育家庭独生子女父母退休奖励政策，有近万名城镇独生子女父母享受到党的计划生育惠民政策，兑现奖励资金1 500余万元，群众满意率达到100%。

市人口计生委从农村独女户家庭入手，积极探索解决农村计生家庭养老问题，开展农村独女户夫妇养老保险试点工作。国家人口计生委主任李斌对该市“政府推动、政策驱动、部门联动、宣传发动”的工作模式给予了充分肯定。为调动参保对象的积极性，在国家、省、县分级投入补助金的基础上，2009～2011年参保人员每年增加50元奖励补助金，并采用“十法联用”和“一站式”办公的方式，边宣传、边动员、边审批，为参保群众提供便捷的服务。与此同时，充分利用电视、广播进行专题讲座，设立政策咨询热线、解答问题，印发宣传单和政策宣传小折页，进村入户；发挥乡、村黑板报、标语和人口学校、中心服务户等宣传阵地进行宣传，特别是广大基层计生干部逐家逐户的“零”距离宣传收到了良好效果。农村独女户夫妇养老保险工作的实施，解决了部分计生家庭“老有所养”的问题。参保群众深有感触地说：“我们做梦也没想到‘庄稼汉’也能像‘城里人’一样拿养老金，养儿防老不如执行计划生育政策好。”

创先争优为辽源市人口计生工作带来新气象，近年来，该市先后被评为全国农村部分计划生育家庭奖励扶助制度和“少生快富”工程试点工作先进单位，被中宣部、国家人口计生委等13个部委授予全国婚育新风进万家活动示范市，还被国家人口计生委、人事部评为全国人口和计划生育工作先进集体。

【评语】

从辽源市的经验来看，创先争优就像助推剂，为人口计生工作带来崭新的面貌和蒸蒸日上的新气象。抓住创先争优，就抓住了工作发展的先机，就能够走在人口计生工作的前列。

内提素质 外塑形象 创先争优

四平市人口计生委全体干部利用周末休息时间帮助铁东区山门镇大洼子村计生特别家庭杜秀春家秋收。

吉林省四平市人口计生委围绕“科学发展上水平，党员干部受教育，人民群众得实惠”，全面开展创先争优活动，取得了丰硕成果。

坚持领导带头，创建学习型机关。党员带头学习，提高全员素质。理论中心组成员全年集中学习两次以上，每人书写读书笔记2万字以上，撰写两篇以上学习体会或心得。2010年开展了“三个一”学习教育活动。即举办一次学习实践科学发展观专题理论研讨会；进行一次政治理论与人口计生专业知识考试；组织一次纪念建党89周年知识竞赛。加强培训，邀请北大人口学教授、省、市专家授课。组织基层干部参加生殖健康咨询师学习，2009年被评为四平市直机关先进“学习型组织”。

坚持服务民生，创新工作机制。委党组审时度势，在稳定低生育水平的前提下，把生育关怀作为关注民生的重点推进落实，坚持一手抓人口计生，一手抓生育关怀。从2006年开始，市人口计生委协调有关部门，向866户计生特殊家庭送去了“兵儿子”、“团儿女”和“志愿者”。生育关怀活动还被列入了全市民生工程，市委、市政府先后出台了3个文件，坚持经济扶助、精神慰藉、生产扶持、生活关怀、医疗保障、就业优先的原则，从6个方面制定了26条优先优惠政策。同时，发动社会力量建立了计生特殊家庭救助基金，有22家企业和20多个市直部门对计生特殊困难家庭实行包保，帮助解决住房、饮水、就医、劳动

四平市人口计生委为全市贫困计生特殊家庭送去电视，丰富他们的业余生活。

力上致富项目等实际问题，折合人民币近百万元，使这些计划生育特殊困难家庭重新过上幸福生活。四平市生育关怀活动的做法，在全国生育关怀行动启动仪式上做了经验介绍，在全国人口计生系统践行科学发展观典型事迹报告会上做了发言，中央电视台等多家国家级新闻媒体给予报道。2008 年 5 月 30 日，吉林省政府在四平市召开全省关爱计划生育特殊家庭工作现场会；国家人口计生委、中国计生协联合调研组评价四平市生育关怀工作“认识有高度，扶持有力度，项目有广度，宣传有深度，效果有亮度”，形成了具有特色的“四平模式”。

围绕提升家庭发展能力，全面打造诚信计生。在农村合作社中建立计生协会组织，开展诚信计生；建立生育关怀计生家庭需求档案，开展阳光计生行动；国家人口计生委在四平市召开现场会，委有关领导到会并肯定了“五个好”，即领导重视好，要求落实好，规范管理好，群众认可好，部门参与好，并在全国推广。

坚持勤政廉政，提高群众满意度。在四川汶川、青海玉树、吉林水灾面前，党支部积极捐款，党员带头服务群众，自觉为受灾地区群众排忧解难。市人口计生委主任王苹被评为“全市十佳廉政标兵”、“全省勤政廉政优秀党员干部”，受到省委领导接见，并在全省作巡回报告；市人口计生委先后被国家人口计生委评为人口计生工作先进集体，协会工作先进集体，综合改革工作示范市；被吉林省政府评为省级劳模集体，精神文明建设先进单位；党政线、部门线、计生线考核多年位居全省前列。

【评语】

抓住“科学发展上水平，党员干部受教育，人民群众得实惠”这条主线，坚持领导带头，创建学习型机关，坚持服务民生，创新工作机制，坚持勤政廉政，提高群众满意度，围绕提升家庭发展能力，全面打造诚信计生，做到领导重视好、要求落实好、规范管理好、群众认可好、部门参与好，就能形成“认识有高度，扶持有力度，项目有广度，宣传有深度，效果有亮度”的“四平模式”。

黑龙江省

只顾攀登莫问高

搭建七心桥，为群众提供计生宣传服务。

“勤勉敬业不畏难，开拓创新永争先；履行承诺做表率，党员模范走在前；服务民生显宗旨，计生事业谱新篇。”这是黑龙江省齐齐哈尔市铁锋区委领导对区计生人的高度赞誉和真实描述，更是全区广大计生干部的真实写照。

铁锋区人口计生局这支“娘子军”，她们秉承创新发展、敢为人先的工作理念，把“只顾攀登莫问高”作为座右铭，以争创一流、坚韧不拔、知难而进、勇挑重担的精神，投入到创先争优活动中来，以实际行动诠释着共产党员的先进本色，树立了新时期人口计生工作者全心全意为人民的情怀和公仆形象。该区人口计生局高度重视创先争优活动，大力营造良好氛围。全面发动，突出一个“广”字，推出了创先争优工作项目化管理、创先争优活动党员星级评比展示台、党员佩戴胸徽、创先争优学习园地等，激发党员参与活动的积极性；作风扎实，突出一个“实”字，要求党员深入基层、深入群众，关心群众冷暖、关注群众疾苦，为群众多办好事、实事；措施得力，突出一个“活”字，开展“我为党旗添光彩，争当优秀计生人”主题实践活动，多措并举，将创先争优活动不断深化与延伸。

该局在创先争优活动中，积极开展“四大工程”建设。一是实施“核心工程”，让党的旗帜飘起来。通过在领导班子中开展比亮点、争上游，比创新、争突破，比工作、争先进，比作风、争一流的“四比四争”活动，从而在班子中比抓亮点能力、科学发展能力、创新拼搏能力和干事成事能力蔚然成风，发挥了带头引领作用，铸造了一支与时俱进的干部队伍。二是实施“素质工程”，让党员的作用强起来。通过开设“固定课堂”，增强思想修养；开设“流动课堂”，提高业务素质；开设“基地课堂”，培养实践能力；开设“考评课堂”，提升业务能力；开设“实践课堂”，打造机关文化。“五大课堂”的开设，使全体党员增强了素质、树立了形象，打造出一支特别能吃苦、特别能战斗、特别能奉献的人口计生队伍。三是实施“引领工程”，让党员的形象树起来。“一个党员就是一面旗帜。”通过党员示范岗，树立党员先锋模范形象，努力争当五个方面的模范，即自觉学习的模范、执行政策的模范、服务群众的模范、爱岗敬业的模范、清正廉洁的模范。还以“惠家工程”为契机，成立了“铁锋区幸福家庭党员服务中心”，在服务中心设有五彩服务、心理疏通、爱心基金会等服务项目，全方位为辖区群众提供优质服务。四是实施“品牌工程”，让党的关怀暖起来。以“保平稳、促统筹、惠民生”为主题，在全体党员中开展党员帮扶“六个一”活动，即每个党员都要帮扶一个特扶家庭、一个空巢家庭、一个自强女孩、一个贫困母亲、指导帮助好一个后进社区、一个再就业基地，以及搭建“七心桥”，即知心桥、贴心桥、开心桥、连心桥、舒心桥、宽心桥、暖心桥服务平台，受益群众达8万余人次，使党的温暖普惠计生家庭；开展“助孤关爱三人行”活动，356名爱心志愿者主动参与活动，帮助解决实际困难287件；建立10个生育关怀基地，安置1 162名计生育龄群众就业，帮助他们走上脱贫致富的道路。该区把人口计生工作的难点、重点和群众关心的热点问题作为工作的切入点，以“结百姓情结”为载体，建立了工作承诺制，制

举办“结百姓情结”帮扶结对捐赠仪式。

开展“六个一”活动，帮扶贫困母亲。

作了“党员承诺专栏”，设立党员示范窗口，自觉接受群众监督，及时宣传活动中涌现出的好人好事。通过开展评选“优秀共产党员”和“学习之星”活动，树立先进典型，激励全体党员立足本职工作创先争优。铁锋区人口计生局先后荣获全国计划生育优质服务先进单位、省人口和计划生育系统先进集体等称号，被齐齐哈尔市委命名为学习型党组织示范点（这也是全市人口计生系统获得该殊荣的唯一单位）以及“劳模”先进集体、先进党组织，连续多年进入全市一档达标行列，并被评为全区行风评议最满意单位。

【评语】

“核心工程”，让党的旗帜飘起来，“素质工程”，让党员的作用强起来，“引领工程”，让党员的形象树起来，“品牌工程”，让党的关怀暖起来，四大工程抓住了争先创优的核心和灵魂。因此，铁锋区在争先创优的路上走得快，站得高。

让人口计生工作风采在国际舞台上展现

褚建华深入基层指导工作。

2003年，联合国人口基金准备在中国实施生殖健康援助项目，给了黑龙江省一个试点县名额。穆棱市人口计生局局长褚建华从宣传环境到服务阵地建设，做了大量的准备工作，终于通过了联合国人口基金项目官员对穆棱市计划生育基础工作的严格审查和对她本人管理能力的答辩考核。

别看褚建华长得文弱，但是工作起来，还真有股巾帼豪杰的胆气和魄力，充满了激情与创意。一次，在从牡丹江市回穆棱市的客车上，一名妇女说：“真不想去计生办办事，那干部态度不冷不热的，让人感觉不舒服。”这也许只是个别现象，但这句话就像一个巴掌打得褚建华脸直发烧。她对班子里的干部说：“我们工作的宗旨就是服务群众，那就得让群众处处满意。如果服务方法不对，态度不好，群众的心凉了，一切等于零。”一个月后，她把玛丽斯特普国际组织在医疗界发明的“心语疏通”方法引进来，应用到宣传教育、政策咨询和协会活动等各方面工作中，探索出了“中西合璧”的“心语疏通”新模式，并把这个新模式制作成了科教片和服务规范手册，组织干部学习。鉴于穆棱市在全国较早实现了人口计生工作重心由控制人口数量向提高人口质量的转变，褚建华认为，在这样的工作基础上，就应该把生育自主权交给群众，群众符合生育政策什么时候想生二孩只要向村里申请，村里的村民自治小组通过就可以了，不用去穆棱市里审批了，这既是方便群众，也是相信群众。在征得上级主管部门同意后，穆棱市进行了取消生育间隔和农村二孩生育证改革试点。

褚建华是土生土长的穆棱人，多年来，她走遍了穆棱的所有村屯，经常和村民交流，了解群众的所思、所想和所需。针对群众生活品位、文化品位不断提高的需求，她推出了"1+X"服务模式（"1"代表基本计划生育服务，"X"代表不断拓展的服务新项目），把过去以育龄妇女为主要服务对象拓展到全体人群，建立起了覆盖婴幼期、青春期、育龄期和老年期等人的生命全过程服务网络，为群众多办实事。对群众生活中的困难，褚建华时刻挂在心上，身体力行地帮扶群众。2003 年以来，穆棱市获得了全国计划生育优质服务先进市、婚育新风进万家活动先进市等 15 项国家和省级荣誉，11 次在国家与省级人口和计划生育会议上介绍经验，她个人先后 7 次被穆棱市政府嘉奖，多次被评为穆棱市优秀共产党员、劳动模范，荣获牡丹江市第六届"十佳公仆"、第二届"巾帼十佳"和牡丹江市人口计生工作先进个人标兵等称号；2006 年，还被评为全省婚育新风进万家活动先进个人和全国人口计生外事工作先进个人；2007 年当选为中共穆棱市委委员，牡丹江市第十次党代会代表。2010 年在黑龙江省委宣传部、省人口计生委举办的"国策风采——辉煌计生三十年杰出人物"评选活动中，荣获"十大杰出人物"光荣称号。2009 年 10 月，褚建华作为联合国人口基金中国项目县的唯一代表，在北京举办的第五届亚太地区生殖健康大会上作了精彩的发言，再一次把中国人口计生工作的风采展现在国际舞台上。

【评语】

借鉴国内外先进理念，以人为本，创新思维，将人性化管理和服务融入人口计生工作的方方面面，使人口计生工作展现新时期应有的时代特色，以中国人口计生工作者的无穷魅力为国增光添彩。

创先争优 福泽百姓

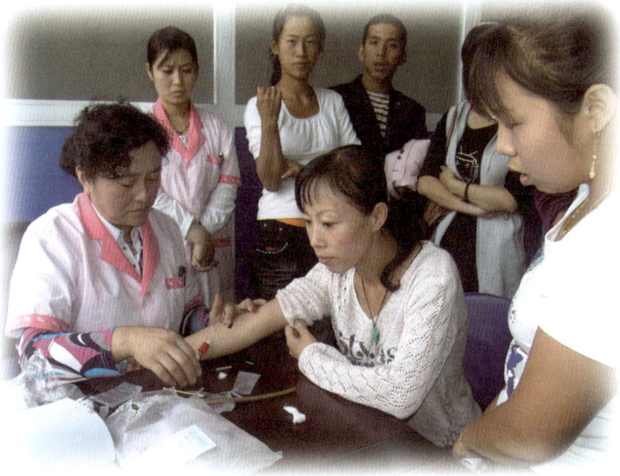

七台河市新兴区开展出生缺陷免费筛查服务。

“区内行政村全部建成标准化计生服务室，城市社区2.5万已婚育龄妇女基本项目计划生育技术服务全部纳入政府购买公共服务之中，免费服用预防出生缺陷‘营养素’和进行优生筛查在全区实现全覆盖……”这是黑龙江省七台河市新兴区人口计生局在创先争优活动中给全区广大育龄群众带来的最大实惠。新兴区人口计生局这支特别能战斗、特别能吃苦、特别能奉献的优秀团队，始终秉承“抓人口就是抓发展，抓计生就是抓民生”的服务理念，坚持以建一流班子、带一流队伍、干一流工作、创一流业绩为目标，在改善民生中传递着普惠家庭的服务宗旨，在惠家工程中诠释着民本计生的先进本色，在创先争优中树立着新时期最可爱的人的形象。

区人口计生局在创先争优活动中，利用各种创新载体和主题实践活动，加快建设知识型、创新型、发展型和廉洁型人口计生班子；全力打造充满时代观念、富于创新精神、综合素质好、敬业精神强的干部队伍，率先实现依法管理程序化、村（居）自治制度化、优质服务规范化、政策推动多元化、综合治理职责化、管理手段信息化的目标。同时，围绕惠家工程，积极改善和服务民生，坚持宣传倡导，在宏观统筹上创先争优。2006年以来，协调区委、区政府下发了统筹解决人口问题和改善民生方面等系列文件；投入100多万元新建镇服务站和村服

七台河市新兴区组织群众为计生贫困家庭献爱心。

务室；投入 20 多万元为区、街、镇更新计算机和打印机，以及全部计生家庭户卡和计生服务手册，并为全区统一制作阳光计生公示板。

突出改革创新，在工作体制上创先争优。以落实“惠家工程”为重点，全力打造“五桥连心情牵国策”品牌，让惠家工程惠及全区百姓。先后出台了 15 项计生便民维权措施，协调有关部门和国营企业解决了独生子女父母奖励费欠账 100 多万元，解决企业离退休家庭一次性补助 40 多万元。

着力改善民生，在服务群众上创先争优。协调各方面共投入近百万元用于落实计划生育奖励政策，在农村基本项目计生技术服务方面投入 50 多万元，使农村已婚育龄妇女享受到免费技术服务，在城市建立政府购买基本项目技术服务，为已婚育龄妇女提供生殖健康服务。区人口计生局还把人口计生工作的难点、重点和群众关心的热点问题作为工作的切入点，坚持把创先争优与将计生工作、机关党的建设、工作创新等结合，向社会进行公开，提高群众参与计生的积极性。不懈的努力使新兴区人口计生局先后获得“全国计划生育优质服务先进单位”、“全国婚育新风进万家先进单位”、“全省计划生育奖励扶助制度实施工作先进单位”、“全省人口与计划生育优质服务和出生缺陷预防一等奖”和“全市人口计生目标管理先进单位”等荣誉。

【评语】

新兴区人口计生局的实践表明，只要树立“抓人口就是抓发展，抓计生就是抓民生”服务理念，并在宏观统筹上、工作机制上、服务理念上创先争优，不断推陈出新，就能切实为广大育龄群众带来实惠，就能使新时期人口计生工作找到最好的平台和抓手，推动人口计生工作顺利转型。

上海市

为了人口计生事业而坚守

谈惠兰，上海市闸北区人口计生委主任，她身患绝症，仍坚守在人口计生第一线。在她的带领下，该区荣获全国计生优质服务先进单位，荣获全国计生协会先进集体。她也被评为全国人口文化工作先进个人、全国军民共建人口计生工作先进个人，并且于2010年入选全国人口计生事业新闻人物。

谈惠兰从党委组织部门调到人口计生部门，对于一位已过不惑之年的女性来说，是个严峻考验。谈惠兰在全新的工作岗位上，始终坚持以人为本的理念，为群众办了一件又一件好事、实事。2004年，全国取消强制婚检，面对急剧下降的婚检率和时有发生的出生缺陷，她看在眼里，急在心上，主动争取区领导支持，积极协调区卫生局、民政局等部门，建立全市首家婚登婚检计生咨询“一门式”服务点，实行免费婚检服务，即避免了群众来回奔波，也从源头上减少了出生缺陷发生，当年婚检率从3%提高到60%，在全市名列前茅。有些早教机构费用高昂，为了满足育龄群众对子女早期教育的需求，区人口计生委采取各项措施，从人力、财力、物力上大力支持街道开展婴幼儿早期教育，并提出了构建公益性为主，市场运作、有偿服务为辅的可持续发展的社区科学育儿指导服务体系。2007年6月，全区第一个

婴幼儿早教点——小海豚成长乐园对外开放，婴幼儿游泳和抚触等首创项目吸引了本区和外区的家长纷至沓来。随后，又成立了“小龙鱼早教基地”和“小海星早教基地”，形成了南中北三片联动的早教工作新格局，大大方便了广大家长。谈惠兰重视学习国际合作项目的先进做法和经验。2005年，她主持的国际合作青春健康项目成功结题。2006年，开展“促进药店青春健康服务项目”，以预防性服务理念和PLA科学教学方法，对闸北15家国大药店的70余名销售、管理人员进行全覆盖培训，编印了两万余份宣传折页和宣传手册，建立3个“亲青服务”示范点，成功将课题成果转化为实践经验，提高了药店管理人员的专业知识和与青少年交流、沟通的能力，提高了青少年的自我保护意识，得到国家计划生育协会和帕斯组织的一致好评。谈惠兰十分注重倾听基层声音，倾听百姓的需求，她把下基层作为每周四的规定动作，不管多忙，她都要到基层走一走、看一看。她了解到许多生活有实际困难的计划生育群众达不到补助标准后，积极协调区政府，于2007年在区计生协建立起50万元的计划生育家庭帮困基金，专门用于政府扶助、补助政策未能涉及，但因重大疾病或突发事件导致生活困难的计划生育家庭。每逢过年、过节，谈惠兰心里总牵挂着基层计生干部和困难群众，带队慰问困难群众并捐款捐物，在她的带动下，看望和关心计划生育困难群众已成为大家的自觉行动。

谈惠兰同志工作起来总是表现出饱满的热情和昂扬的精神风貌，2010年是“规划年”，她又亲自挂帅，主持了“十一五”规划的盘点总结和“十二五”规划的编制工作。

【评语】

坚守在最基层，却胸怀祖国，放眼全球，这样的精神来自于对人口计生事业的挚爱，来自于对创先争优的内在追求。正是由于这样的坚守，中国的人口计生事业30年来才能取得举世瞩目的辉煌成就，人口计生工作者才能成为“新时期最可爱的人”。

让计生特扶家庭充满阳光

与困难家庭联谊。

在杨惠芬眼里，计划生育家庭是响应国家号召的先进群体，而计生特扶家庭更是急需社会关心、事关社会和谐的特殊群体。因此，作为上海长宁区新华街道人口计生办主任的她，将全部爱心倾注到了全区116户特扶家庭中。杨惠芬把特扶家庭的困难，看得比自己的困难还重要，她积极争取街道党工委、办事处领导的重视，成立了特扶工作领导小组，落实专项资金，推动特扶工作全面、有序、有效开展，并且充分发挥计生协会、居民区分会、分会会员小组三级网络作用，对社区所有独生子女大病、重病、伤残、死亡的计划生育家庭进行排查摸底，建立信息库。她还首创了“三第一、四到位”工作机制：“三第一”即独生子女家庭出现丧子、事故时，分会会员小组长第一时间报告；分会秘书长第一时间看望；街道协会会长第一时间慰问；“四到位”即扶助政策落实到位，项目规划帮扶到位，事故处理维权到位，困难问题解决到位。不仅如此，杨惠芬还提出要通过针对性的帮扶，使这些弱势家庭在精神上解脱、生活上解忧、经济上解困，尽快走出阴影，愉快地生活。因此，她注重倾听特扶家庭的心声，做好需求调查。通过近距离接触特扶家庭，她设计了“让生活充满阳光”的帮扶项目，推出以“最关心、最直接、最现实”的需求为导向，开展了“缘聚你我、相识你我、相知你我、牵手你我”等帮扶活动，进行心理疏导、团体游戏、集体参观等，在精神上给特殊人群疏解生活压力，使有着相同经历的家庭凝聚在一起。2010年，杨惠芬又重点开展了“心的联结、身之关爱、健体强志、康乐到家”等活动，

与困难家庭联欢。

使特扶家庭有了家庭医生，有了助医卡，有了儿童意外保险。为了让特扶家庭更积极地参与活动，杨惠芬邀请了心理咨询工作室、社区卫生中心、计生志愿者等社会力量参与进来，在团康活动中，心理咨询工作室的老师通过呼吸疗法，缓解大家紧张的情绪，通过相互拍肩、握手、拥抱等小游戏放松、愉悦特扶家庭代表的心情，彼此鼓励，增进感情，有效地活跃了活动氛围。

“精诚所至，金石为开。”受到关爱的特扶家庭逐步敞开了心扉，感恩社会。2011 年，街道配合全区人口计生系统开展了“新春送暖”活动。杨惠芬组织了迎新春大联欢——兄弟姐妹一家亲活动。会上特扶家庭代表不仅表演诗朗诵，还演出节目，许多特扶家庭纷纷感言：“虽然在生活中遭遇了不幸，但是党的关怀、计生部门的温馨服务，让我们觉得还是幸福地生活在一个大家庭中。”今年，杨惠芬又在着手筹备建党 90 周年活动，以唱响红歌、走访红色圣地为主线，继续开展“让生活充满阳光”——相亲相爱兄弟姐妹一家亲特色活动，让他们深切体会到党和政府的关心、关怀、关爱，为他们的生活增添欢乐，让他们的生活充满阳光。

【评语】

计划生育家庭是响应国家号召的先进群体，他们为了国家这个“大家”奉献了自己的“小家”，关心这些家庭，就是推进人口和计划生育工作，就是维护党和政府的光辉形象，就是践行创先争优活动，就能够在创先争优中做出成绩。

他们为世博增添和谐乐章

上海市计划生育药具管理中心（上海计划生育药具供应站)工作人员研究规范管理的措施。

在2010年上海世博会期间，上海市计划生育药具工作者以“创新、服务、融合”的理念，大力推动计生免费药具服务“优得工程”，积极实践“人口计生与世博同行”，生动诠释“城市，让生活更美好”的世博主题。

计生药具工作和免费药具是政府向社会提供的一种公共服务和公共产品，更是服务、关心、贴近群众生殖健康需求的桥梁和纽带。2010年，上海市计生药具系统掀起了迎世博、创计生免费药具服务窗口“优得工程”的新热潮，并取得实实在在的成效。在迎世博倒计时200天之际，市计生药具管理系统把遍布全市近2万个计生免费药具服务窗口建设成为满足群众多元化生殖健康需求的优得服务窗口和服务世博、宣传世博的重要阵地。各区县纷纷打造“迎世博”为主题的人口计生文化宣传特色品牌，把“迎世博”元素巧妙融入药具自取箱,增设服务功能，取得了显著的效应。“喜迎世博盛会，倡导婚育文明”的宣传图案、贴纸、海报、易拉包，设置和张贴在各计生药具服务窗口，达到了宣传世博、践行文明的效果。全市计生免费药具服务窗口整体形象明显优化，服务质量明显提升，服务环境明显改善，服务效率明显提高，服务功能明显增强，全面提升了上海计生药具服务世博的软实力。

“畅通渠道、保障供应、方便群众、提高效益”，上海市便民利民药具服务“易得工程”已实行多年，如今在“人口计生与世博同行”的旗帜下，计生药具

上海市计划生育药具管理中心（上海计划生育药具供应站)全体人员照片。

启动了“机制优、服务优、环境优、队伍优、药具优”的“优得工程”建设，使本市计生免费药具窗口服务发展跃上一个新台阶。在推进过程中，各区县针对不同服务对象需求，开展各项个性化、特需性服务措施，于细微之处体现出一份浓浓的计生情。宝山区努力实现计生药具公共服务均等化，在流动人员工作点、居住点、孕检点、生育点和集聚点“五个点”，提供免费药具服务；静安区开展“呵护白领”工程，为商务楼宇白领提供健康关怀，已在 50 幢商务楼安装了“避孕药具免费自取箱”；松江区制作印有中、英、日、韩四种语言文字的生殖健康宣传折页，进入宾馆客房，以方便世博来宾了解生殖健康、预防性病 / 艾滋病知识等相关信息。

在迎接世博的过程中，市计生药具管理中心在计生免费药具窗口规范化标准中加入了世博内涵，要求按照“领取易得性、药具安全性、个人私密性、环境适宜性”的原则，对全市计生免费药具服务窗口设置进行全面梳理、规范、调整和更新，使之与迎世博的大环境相适应。软件管理方面，规定了专人管理、定点放置、定期检查，同时实行回头看等动态性、持久性长效工作机制，全面提升了免费药具服务窗口优得服务、规范管理的软实力。在 2010 年 9 月底前，全市的计生药具服务窗口的规范化工作全部完成。一系列迎世博计生免费药具服务窗口“优得工程”的建设，赢得了广大群众的满意与认可。

【评语】

让计生免费药具服务“优得工程”与“人口计生与世博同行”，生动诠释“城市，让生活更美好”的世博主题，全面提升免费药具服务窗口优得服务、规范管理的软实力，实现人口计生工作与国际社会接轨，这是创先争优在国际舞台上的光辉展示。

江苏省

创新创优创奇迹

最近一段时间以来，前来江苏如皋参观学习人口计生工作的人络绎不绝。上海、吉林、四川、浙江、山东等地的人口计生部门纷纷组团慕名来到如皋，人们被如皋“人口计生模式”深深吸引。参观者一致认为：如皋的人口计生工作经验较为丰富，借鉴作用大，可操作性强，不愧为人口计生战线上的一面旗帜。

如皋“人口计生模式”的创造者就是如皋人口计生的带头人——张仕荣。3年来，在市委、市政府的正确领导下，他带领全市人口计生系统认真贯彻落实中央《决定》精神，走统筹解决人口问题之路；坚持以人为本，关注民生，勇争一流，力攀新高，全市人口计生工作实现了“南通争一流、全省争位置、全国争先进”的奋斗目标。他用执著、实干、奉献成功谱写了如皋人口计生工作创先争优的绚丽篇章！

张仕荣，男，1958年7月出生，1981年参加工作，担任过10年的乡镇党委书记及镇长，2007年12月份从如皋市台办调到人口计生委工作。他积极思维，善于深入基层调查研究。人口计生工作政策性强、业务要求高，他坚持把学习、调研放在首位，努力使自己尽快从“门外汉”变为行家里手。他随身带着人口计生法律法规和业务书籍，走到哪里就学到哪里。在向书本学习的同时，他坚持向实践学习，向老领导、老同志虚心请教，不断提高自身的工作能力、业务素质和依法行政水平，努力适应新形势下人口计生工作的需要。他特别注重调查研究，一年有1/3以上的时间在基层调研，给市领导提供决策依据，及时向镇（区）和有关部门反馈人口计生信息。他总结出夯实基础是提升人口计生工作整体水平的关键，加强网络建设、畅通信息渠道是夯实基础的首要措施。他带领一班人深入到全市的中心镇——如城镇，就如何做到网络健全，镇村组横向到边、纵向到底等问题进行座谈、搞试点。试点成功后，他在如城镇主持召开了全市计生信息员队伍建设现场推进会。仅用一个月时间，就在20个镇（区）、332个村（居）、近8 000个村民小组配备了人口计生信息员，并落实了责任和报酬。接着，他又组织各科室将人口计生基础知识编写成小读本，由分片主任及科室负责人到各镇向镇村干部和计生信息员进行宣讲，提高他们对人口计生知识的知晓率，提升计生干部和信息员的政策水平和依法行政、优质服务能力。目前，在全市基本形成了横向到边、纵向到底、人点对应的基础信息网络。他非常注重对人口计生干部队伍建设的调研，在调研中，他发现极少数计生服务站人员作风不扎实工作、不敬业问题，通过个别谈话、促膝谈心、严格教育，增强了他们的事业心和责任感，做到了将精力放在工作上、将智慧用在创先争优上。

在张仕荣的领导下，如皋市以优异的成绩圆满完成了“十一五”人口规划的各项任务，全市年均计划生育率98.63%；孕前——围孕期保健率保持在98.47%；出生人口性别比保持在106.8；流动人口管理服务率93.3%；依法管理、优质服务和群众满意率达到98%；计生经费投入逐年递增，2010年人均达38.08元。2008～2010年连续3年被评为南通市人口计生目标管理先进单位和人口计生工作创新一等奖，2008年被评为江苏省计生优质服务先进单位，2009年被评为全国计生优质服务先进单位。

【评语】

如皋市人口计生事业在攻坚克难中发展，在创先争优中奋进，在彰显特色中跨越，在抢抓机遇中提升，在群众满意中前行。这些成效的取得离不开创先争优的领头人。有这样的领头人，任何一个地区都将在创先争优的征程上不断创新、奋勇争先、攀高比强、再创奇迹。

浙江省

风雨计生路 烈火铸忠魂

2011年1月4日，到姜家开计生会；

1月12日，到浮林村委做B超检查统计；

1月18日，陪上级领导到姜良金家发补助金，组织村里头卫生工作；

1月27日，到姜家卫生院交公共卫生台账；

1月28日，到浮林结算环孕检补助金，浮林发放补助金；

1月29日，村里发环孕检补助金……

这是浙江省杭州市淳安县姜家镇浮林村计划生育服务员姜美娣工作笔记上最后一页记录，也是生前留下的最后字迹。1月29日，是农历虎年的十二月廿六，农村家庭主妇几乎个个都在为家里准备过年忙得不可开交，但在这位村计生服务员的心里，仍然系着的是村里的事，仍然是计生国策，忙碌的身影穿梭于村里那些外出打工回家过年的育龄妇女家里……然而，仅仅过了7天，在该村下坞坑“2·5”（正月初三）山林大火中，她挺身而出，为了保卫群众的生命财产，献出了自己正当盛年的生命！

姜美娣生前工作的计生服务室。

今年48周岁的姜美娣很阳光，圆脸上常带着灿烂的笑容，走到哪里都能给人们带来笑声。在村里，她是书记、村长可信赖的好帮手，分内事和分外事都抢着干。在群众的眼里，她是个带头致富的女能人。她带头种桑养蚕，20世纪

姜美娣正在工作。

90年代后期以来她家每年养蚕都在10张以上，总产量1 000斤左右，年收入在15 000元以上，带动了全村养蚕业。从2004年开始，她积极组织村妇女发展以缝制手套为主的来料加工。在家里，她是顶梁柱。父亲母亲都70多岁了，父亲患二级视力残疾（青光眼），姜美娣总是把饭端到床前。母亲常年生病，两个小孩在外打工，丈夫是木匠，常年外出。除了担任村里的工作外，她养猪、养蚕、种地、照顾老人，里里外外一把手。

在淳安山区，由于部分群众婚育观念落后，村计生服务员可是个很得罪人的岗位，但姜美娣风里雨里一干就是26年。从1985年开始，她担任村计生联系员，那时的计生工作非常艰难。尽管她只有初中文化，但她肯学习，手勤，笔也勤，台账资料也做得比较清楚。20世纪90年代初，因为她所在的村无政策外生育，成为全乡第一个县级文明村。

进入21世纪，人口计生工作逐步实现了工作思路和工作方式的转变，具体工作更加复杂，特别是人口流动增多，外出打工和外省嫁入的妇女给当地计生工作带来了较大的冲击。村里一个贵州嫁入的妇女由于避孕失败，意外怀上二胎，不符合生育政策。姜美娣经常上门去和她谈心，并且从生活上关心她，帮她做农活，姜美娣贴心的话语、真心的帮助和在理的政策宣传打动了她和她的家人，她们竟然成了知心姐妹，最后这名妇女自愿到乡卫生院落实了可靠的长效避孕措施。

2011年2月5日，一场山林大火，夺走了姜美娣和其他5位勇士宝贵的生命，让人扼腕痛惜！这次遇难的六位勇士中，姜美娣是唯一的女党员、女干部。火灾发生时，她正和丈夫在12里路外的巨源村走亲戚。接到火灾的电话后，她心里非常着急，家人要她吃了饭再走，姜美娣无论如何也不肯，她认为，火灾就是命令，赶紧叫丈夫骑上电瓶车把她带回家，带上柴刀，赶到火灾现场。哪里火势猛，她就到哪里，自己的安全早已置之度外。事后，人们发现，姜美娣在撤离过程中没有丢弃灭火工具：那把烧光木柄的柴刀，就在她的遗体旁。翻开姜美娣2010年的计生工作记录本，每个月的主要工作安排，所做的具体计生工作事项都有记录，哪天随访，哪天上门宣传服务都清清楚楚……斯人已去，看着熟悉的笔迹，让人无限感怀！

【评语】

风雨计生路，人生无悔；烈火铸忠魂，英名永存。姜美娣，一位长期为计生国策默默奉献的普通村计生服务员，在国家利益和个人利益的抉择中毅然选择了前者，用烈火书写了一名共产党员和基层计生干部大写的人生，用平凡的事迹和不平凡的人生为全国计生人树立了榜样。

求真务实 创先争优

浙江省德清县健康宝宝评选活动。

浙江省德清县人口计生局深入开展创先争优活动，以项目工作为引领，坚持以服务为宗旨，从关注民生入手，加快人口计生工作转型升级。在创先中求发展，在争优中求进步，用开拓创新的时代精神奏响了人口计生发展的最强音。县人口计生局先后被评为全国外事工作先进集体；第六次全国人口和计划生育抽样调查先进单位；全省优生“两免”工作先进单位；2010 年被省人口计生委推荐为全国人口计生系统先进集体；县指导站被评为浙江省“群众满意基层站（所）”，为全县经济发展营造了良好的人口环境。

2007 年以来，县人口计生局坚持以县、乡计生服务标准化、规范化建设为重点，全面实施计生技术服务“二次发展”。2009 年 8 月，县指导站改扩建项目顺利竣工，总投入 680 万元；引进了技术人员，增添了先进的医疗设备，服务环境和医疗水平得到了明显改善，使如今的德清计生指导站有了防滑的地砖、LED 显示屏、大幅的计生宣传画、温馨的候诊室、一目了然的楼层导示和提示语，处处充满贴心、舒适和方便。在完成县计生指导站标准化建设的同时，县人口计生局加强科学规划，采取多种措施加快推进乡镇计生服务站的规范化建设，逐步形成了以“县站为龙头、乡镇服务站为依托、村服务室为基础”的计生技术服务网络，为全县育龄群众营造了一个又一个温馨的家。联合国人口基金代表伯纳德在对德清项目考察反馈会上给予了充分的肯定。

浙江省德清县国家青春健康教育项目组长刘永良为我县青春健康教育师资授课。

作为全国计划生育优质服务试点县，德清县人口计生局坚持改革创新，把关注未来、孕育健康生命、提高出生人口素质作为在人口计生工作转型升级过程中的新抓手，全面实施“健康宝宝计划”，将优生优育贯穿于整个婚孕的全过程。从2007年10月1日起，率先推行“政府埋单，免费婚检”。县人口计生局作为牵头部门按照“政府主导、部门协作、科学管理”的工作原则，围绕恋、婚、孕、产4个环节，着力构建以人为本、面向家庭的健康生育全程免费服务体系，并协调民政、卫生部门建立了婚姻登记、免费婚检综合服务处，推出结婚登记和免费婚检一站式服务。到2010年7月，已基本实现“健康宝宝计划”6项主要内容的全程免费，为全县婚育家庭的幸福提供了全面、周到的服务。在创先争优活动中，县人口计生局率先启动了“优生优育优教”促进工程，筹建“三优”指导中心省级示范点，成为促进“三优”知识普及，提高全县人口素质的又一新举措。

青少年是国家的未来和民族的希望，也是未来的育龄人群。关心下一代，全方位实施青春健康教育项目是人口计生工作转型升级的又一亮点。为此，德清县人口计生局先后出台了《关于进一步加强青少年生殖健康和预防艾滋病知识宣传教育工作的实施意见》、《关于中小学人口与青春期性教育的实施方案》、《德清县中小学青春健康教育评估细则》等文件，保障青春健康教育的持续开展。组建“青春健康教育讲师团”，建立师资队伍，定期培训，定期选派老师到乡镇、学校、企业进行巡回讲课。同时，在县指导站、乡镇服务站建立了青少年生殖健康服务中心、亲青服务点并开通服务咨询热线，为学生提供面对面的个性化服务。为吸引更多的青少年参与到青春健康教育活动中来，2006年10月县成立了德清/中国青年网络，组建QQ群，招募志愿者。2007年联合团县委、教育局开展了青春健康教育知识“三进”活动（进学校、进企业、进家庭），讲

浙江德清县计生指导站标准化建设竣工仪式。

师团针对小学家长组、初中组、高中组、企业组四个不同层次的目标人群，以讲座、授课、班队活动等形式活跃于同学、家长、企业青年中，传播科学的青春期健康知识。到目前为止，已服务 12 500 多人次，受到社会各界一致好评。为提高教育的可及性，2009 年又开通了名为“我的青春我做主”的主题教育博客，吸引了更多的青年朋友和不少家长的参与，为青少年开辟了又一个教育渠道。2009 年 11 月，湖州市青春健康教育现场会在德清召开，该县青春健康教育的做法在全市得到推广。

【评语】

“二次发展”给育龄群众营造一个温馨的家；“健康宝宝计划”让优生优育绽放鲜艳花朵；“青春健康教育”为青少年撑起一片蓝天。德清县人口计生局在创先中求发展，在争优中求进步，用开拓创新的时代精神奏响了人口计生发展的最强音。

青春无悔献国策

她是一名乡镇计生干部，十多年如一日耕耘在计生第一线；她是一名普普通通的女性，在平凡的工作岗位为国策事业默默奉献。她，就是浙江省江山市清湖镇计生专干徐娟芳。

“工作着是美丽的”，这是她常挂在嘴边的一句话。1993年中专毕业年仅19岁的她，毅然选择从事计划生育工作。计划生育是“天下第一难事”，她作为乡镇计生专干线上的一名“新兵”，平时工作中，从不怨天尤人，从不讨价还价，兢兢业业，任劳任怨，虚心讨教，碰到难题，从不退缩。作为一名计生专干，为了做到底子“清”、数据“实”、册簿“全”，情况“明”，“五加二”、“白加黑”，加班加点已习以为常。她起早贪黑骑自行车到每家每户去调查，在崎岖的路上不知道摔过多少回，不知被狗咬过多少次，皮肤晒黑了，同事们都心疼地称她“黑妞”。而这些努力都没有白费，如今在她的脑海里有一本民情账，哪个村有几户、多少人，有多少育龄妇女，哪些育龄妇女外出，哪些妇女怀孕，哪些妇女落实了手术，她们有什么困难，徐娟芳都一清二楚。计生随访工作面广量大，需要计生干部逐户上门服务，群众在手术后也迫切需要得到专业的服务帮助。有时为了一个随访对象，她放弃休息，三番五次上门，不管是白天晚上、晴天雨天，直到找到对象，落实了随访服务，她心里才踏实。在随访服务中，她与育龄妇女交心谈心，当得知群众有困难时，她总是热心相助。

18个春秋，播种的艰辛让她终生难忘，收获的喜悦让她激情满怀。她亲眼目睹了许多妇女摆脱了疾病，走上了健康之路；目睹了群众抛掉了生育包袱，走上了致富路，看到一个个和谐美满的家庭，她更是满心欢喜。2003年她被评为江山市计划生育先进工作者，2004~2009年连续6年被评为衢州市级事业单位先进工作者，2007年被评为浙江省基层站所行风建设先进个人，2008年、2010年两次被江山市委、市政府评为优秀乡镇驻村干部，2009年还被评为衢州市计生先进工作者。荣誉面前，她没有沾沾自喜，她认为荣誉只代表过去，人口计生工作的道路还很艰巨和漫长，她是这样想的也是这样去做的。受她的感召影响，全镇各级计生干部齐心协力，全力为国策事业无私奉献，清湖镇连续9年目标管理责任制考核获江山市一等奖，被评为衢州市人口和计划生育基层基础建设示范乡镇，镇计生服务站被评为衢州市群众满意基层站所、全国计划生育优质服务示范站。

【评语】

一名普通的基层计生干部，18年如一日，无怨无悔，无私奉献，始终把计生工作当作自己的使命，把育龄群众当作兄弟姐妹，展现了基层计生干部的光辉形象。在这些业绩后面，是人口计生事业崇高而伟大的内涵支撑，是人口计生系统创先争优积极进取的力量推动。

安徽省

全力投入讲奉献 一片赤诚献丹心

向李斌主任汇报工作。

安徽省定远县人口计生委主任杨林武1984年参加工作，长期任乡镇党政负责人，2006年3月，任县人口计生委主任。任职5年间，他凭借着对人口计生工作的无比热爱和对计生家庭的拳拳之情，用自己的实际行动向人们诠释一名共产党员的人生真谛。

2006年，定远县因人口计生工作落后再次被列为全省“重点帮助县”。上任伊始，他针对计生工作长期存在的机制不全、责任不明、措施不力等现状，摸准实情，认真反思，系统谋划，痛下决心，着力从源头上、体制上解决问题。首先是构建“村为主”工作机制，切实实现重心下移。为建立健全有效的工作机制，充分发挥村级在计生工作中的主体作用，他通过提高村干部待遇，有效解决村干部不愿干的问题，充分调动工作积极性。然后通过建章立制，有效解决了村干部不会干的问题，对村级建立实施了“旬调度、月积分、月奖惩”制度，促进村级计生工作步入经常化轨道。另外通过责任追究，有效解决了村干部不真干的问题，增强了村干部的责任感和危机感。通过构建“村为主”工作机制，基层人口计生水平有了明显的提升。其次是创新社会抚养费征管体制，切实推进依法行政。为有效解决社会抚养费征收中存在的突出问题，他大胆地创新了社会抚养费征管体制。一是在各乡镇成立社会抚养费代征站，做到征收队伍专业化；二是严明征收纪律，规范征收程序，做到征收程序合法化；三是

慰问两女绝育户和计生困难家庭。

严格按照“征缴分离、收支两条线”的原则，做到经费管理规范化；四是严格考评，强力推进，做到征收工作经常化。同时，他还建立健全了出生人口性别比升高问题综合治理机制，党委政府负责、纪检监察牵头、部门履行职责、群众积极参与、区域密切协作，有效遏制了“两非”行为。与此同时，他还进一步强化政策内孕情包保服务，着力从源头上防范性别选择。2008 年，在他积极协调下，相关部门分别制定了 34 项计划生育惠民政策，使 30 948 个计划生育户得到了实惠，充分体现“关爱女孩”，注重帮扶“贫困母亲”。

2010 年，获全省计划生育优质服务先进县称号。2008 年 10 月全省农村地区人口计生工作会议在该县召开，其做法得以在全省推广；国家人口计生委有关领导给予充分肯定；2010 年 6 月在“全国关爱女孩综合治理出生人口性别比偏高问题工作会议”上，该县作了经验介绍。

近几年来，杨林武的家庭遭遇了多次不幸。先是妻子病故，接着是父亲病故，随后又是二哥患病身亡，大嫂患癌症去世……一连串的打击，从未动摇他对工作的热情和执著。多年来，他从没有因个人的事耽误工作。在他的带领下，全县的人口计生工作实现了质的飞跃！ 2010 年 9 月，杨林武同志荣获“安徽省新闻人物”称号。他说，“我将追求不止，奉献不断，努力让甜蜜事业的光辉映照自己无悔的人生。”

【评语】

受命于逆境之中，矢志于奋斗跨越，在灾难面前直面担当，默默承受讲奉献。杨林武的身上，闪耀的不仅是一名共产党员的铮铮风骨，更是一位基层计生工作者的崇高品质，这种风骨和品质诠释了人口计生战线争先创优的深刻内涵。

创新带来新变化

“推行诚信计生，实现村民自治，这就对啦！”这是2010年下半年，在安徽省霍山县下符桥镇沈家畈村部召开的计划生育村民自治试点工作动员大会上，与会村民代表们发出的共同心声。过去已婚育龄妇女一年要做几次孕环检，对于大多数没有生育意愿的育龄妇女来讲，这不仅加重了她们的负担，久而久之使她们对计生工作产生了厌烦情绪。

霍山县人口计生委开始了新的探索。从尊重群众、相信群众到方便群众、为了群众，一个依靠基层群众自治服务管理的新模式——霍山县诚信计生服务管理“3+1”模式诞生了，这种集公认诚信、行为诚信、担保诚信与协议管理为一体的服务管理模式给基层人口计生工作带来了新的生机。省计生委副主任杨武是这样评价的：“霍山县推行的诚信计生‘3+1’服务管理模式，通过分类管理实现了基层群众自治，是一种社会管理模式的创新，极具推广价值。”

创新的动力源于委机关的创先争优活动。2010年以来，霍山县人口计生委围绕“推进科学发展，构建和谐计生”这个主题，在全县计生系统部署开展了创先争优活动，着力创新工作思路与工作方法，着力推动机关党的建设，提升人口和计划生育科学管理和优质服务水平。为了丰富创先争优内容，县人口计生委全面开展了“三育关怀”行动。该行动将生育关怀、节育关怀、不育关怀综合考虑，

真正体现了以人为本的理念，以此作为全县深化和提升计生优质服务的主要手段，这在全省尚属首创。如一对夫妇结婚5年一直未孕，到上海、无锡等地四处求医问药，花费几万元都没有效果，夫妻俩很是着急。去年4月份，在“三育”关怀行动中，特邀省安医生殖中心专家免费为育龄妇女进行生殖健康检查及不育症咨询，这对夫妇怀着渴望的心情参加了检查，专家们给该夫妇进行了检查，经过3个月的治疗，这个妇女真的怀孕了，她的老婆婆逢人就说：“政府计生工作做得真细，我真心感谢党、感谢政府。政府就是我家的送子观音！”

时间到了2010年4月，霍山县人口计生委把创新的眼光“盯”在了中国电信的商务领航系统上。针对新时期广大育龄群众普遍拥有手机的现实，县人口计生委率先在全省指导村级运用中国电信的商务领航系统开通了信息关爱网络平台，将政策法规、优生优育、避孕节育、生育节育、办事指南等资讯用手机短信方式，向育龄人群作出温馨提示，不时穿插传送节日问候、安全常识、农技信息等，有效解决了新时期宣传教育、流动人口管理服务等重、难点问题。目前，该县计生微机网络覆盖了所有村居、关爱短信覆盖了所有育龄群众，实现了“双覆盖”。

2010年11月，全省深化“村为主”，推进人口计生基层群众自治工作现场会在六安召开，会上重点推介了霍山县诚信计生服务管理、村民自治、信息关爱、

优质服务、宣传教育等工作。短短4个月，省内外已有30个县区组团到霍山考察观摩。在2010年人口计生目标考评中，霍山县实现了“省先首市”的好成绩。同时，霍山县人口计生委也被国家人口计生委等有关部门评为全国“十一五”人口计生工作先进集体。

【评语】

巩固基层基础、强化综合治理、深化优质服务、创新科学管理，走出了一条具有本地特色的人口计生新路子，这是实实在在的创先争优活动，不仅为当地的人口计生工作带来了新的变化，也是创先争优活动值得学习和借鉴的楷模。

为了大山里的育龄妇女

王红芳在全市人口计生工作大会上发言。

1994年，王红芳从安徽祁门卫校医士专业毕业后一直在大山区从事计划生育技术服务工作。所在的长陔乡距县城60多公里，中途要翻越一座海拔近千米的高山。5个行政村，14 993人散居在90.6平方公里的崇山峻岭间。多年来，艰苦的工作环境锤炼了她坚韧不拔的个性；山区育龄群众对生殖保健的渴望，让她找到了用武之地；大山里老百姓无私的关爱和关怀，给了她努力工作的动力，坚定了她扎根深山、服务群众的勇气和决心。为了提高自己的业务水平，10多年来，不论工作多么繁忙，王红芳始终坚持业务学习不间断。同时，注重学习与实践相结合，临床技术不断提高，为更好地开展计生服务打下了坚实的基础。由于工作踏实，技术过硬，她赢得了育龄妇女的信任，得到了领导和同事们的认可。王红芳连续4年在年度考核中被评为优秀，还获得了黄山市“十佳计生技术专干”的称号。

真心的关爱和优质的服务是做好工作的前提。在王红芳的领导下，育龄妇女生殖保健服务做到了全覆盖，治愈妇科病550余人，无一例医疗事故和并发症。该乡服务所、村服务室真正成了育龄妇女之家，计生干部成了广大育龄群众的贴心人。作为计生技术专干，王红芳和她的同事们常常用技术服务的优势，协助做好稳定低生育水平的工作。对照4 100余名育龄妇女的档案逐个上门走访，从陌生到熟悉，育龄妇女们和她以姐妹相称。

从事计划生育工作是艰辛的，特别是在深山区，有许多村庄不通公路，进村入户全靠步行。有时为了走访一个育龄妇女要翻越几山几岭，饿了就吃一点方便面，渴了就喝一点山泉水，直到工作完成，常常因为时间太晚了借宿在老乡家中。由于工作的特殊性，王红芳放弃节假日加班加点是常事。王红芳计生服务工作舍小家顾大家，全力以赴地工作，以自己的实际行动诠释了一个共产党员对计生事业的无限忠诚和热爱。

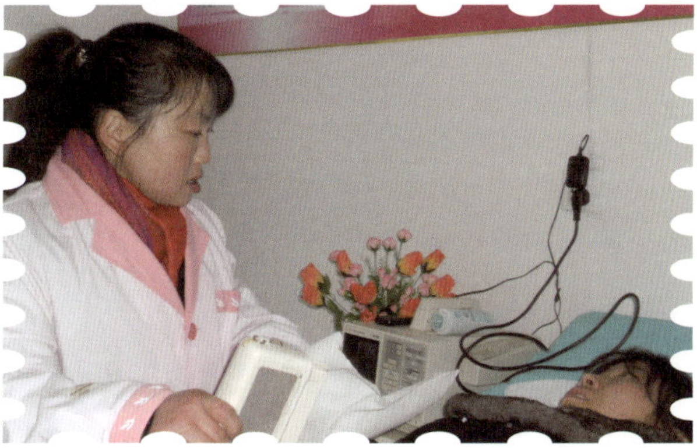

王红芳在为服务对象开展孕情检测。

【评语】

16年扎根深山的坚持和追求，16年如一日为育龄妇女付出爱心和汗水，一个普通的人口计生工作者用自己的言行传承升华着“舍小家为国家”的精神内涵，不仅展现了新时期人口计生战线优秀女共产党员的崇高情怀和境界，也显示出创先争优在基层人口计生工作中焕发出来的强大生命力。

福建省

党建之花 绽放侨乡

泉州、南安两级人口计生系统和洪梅镇、洪溪村的党员在“争当计生国策模范”的条幅上签字。

福建省南安市人口计生局党支部把“三级联创”与创先争优活动紧密结合，积极开展以争创执行政策模范、服务群众模范、结对帮扶模范、宣传国策模范、一体共建模范为主要内容的“五个模范”活动；在党团员中开展争当学习国策先行者、宣传国策先行者、遵守国策先行者、勤劳致富先行者、计生帮扶先行者为主要内容的“五个先行者”活动，激发了基层党团员活力，为人口计生工作跨越发展注入了新的活力。

梁秋燕，南安市码头镇一个普通的“二女”户当家人，1998 年的一场车祸使丈夫高位截瘫。十几年来梁秋燕一直用自己的肩膀撑起这个脆弱的家，但巨额的医疗费和孩子的培养费用压得她喘不过气来。在紧要关头，南安市人口计生局党支部及时伸出援手，一方面向泉州市人口计生委党组、泉州市计生协会上报了梁秋燕的情况；另一方面与镇党委、村党支部联手，给梁秋燕送来了组织的关怀，为她解决了燃眉之急。同时，还协调码头镇政府为梁秋燕盖起“安居房”，为其申办了 2 万元的小额贴息贷款，帮助她发展养蜂业，早日脱贫致富。另外，还为其两个女儿办了保险，免交学费，确保她的两个女儿顺利完成学业。梁秋燕在生活好转后不忘回馈社会，2008 年四川汶川地震后，她捐献 2 000 多元，在第二届泉州市道德模范评奖中被评为“孝老爱亲”模范，成为计生“二女”户中的一个道德标杆。

2010年11月18日，泉州、南安两级人口计生系统和洪梅镇、洪溪村在洪溪小学，四级联合举办人口计生工作创先争优进农家活动。

洪华龄是南安市英都镇民山村“二女”户女孩，从小与妹妹二人相依为命，克服常人难以想象的困难，以自信、自强、自立的恒心和勇气，艰难生活，发奋读书，完成了小学至高中学业，2007年又以601分的优异成绩考上福州大学。但哪来钱上大学呢？市人口计生局支部从三级联创结对的基层党组织得知此事，联合相关部门举行了捐助“二女”户特困生洪华龄就学活动仪式，动员社会各界共同参与到捐助活动中来，帮助洪华龄姐妹圆了大学之梦。

据不完全统计，“十一五”以来南安市共对计划生育家庭子女减免学杂费和发放助学金343万元，为1 972名“二女”结扎户女孩中考加分；营建“二女”安居工程805座，为905户“二女”户免费提供宅基地，不断提高农村“二女”户、独女户农保待遇标准，为计生“二女”户提供了很大的帮助。南安市人口计生局党支部也多次获得了福建省、泉州市不同类型的奖励；南安市人口计生局2006年获得福建省婚育新风进万家活动先进集体，2010年获得泉州市人口计生先进集体，并且连续4届蝉联福建省文明单位。

【评语】

“五个先行者”活动，凝聚了支部合力，激发了基层党团员活力，为人口计生工作跨越发展注入了强大动力；汇集民意，转型发展，惠及民生，创先争优，必将推动人口计生事业科学发展、和谐发展、率先发展。

甘为计生写春秋

对全县创先争优工作做业务指导。

蔡宝发是福建省三明市大田县人口计生局局长，厦门大学人口学专业毕业。从1979年10月踏上计生工作岗位起，他从一名乡镇计生专干成长为人口计生局局长。在开展创先争优活动中，他坚持科学管理，真诚服务群众，有力地推动了机关党建和各项业务的全面发展。

稳定低生育水平、遏制出生人口性别比偏高曾是大田人口计生工作的重点。1991年，大田县计生工作被省里单列管理，正在县计生局规划统计岗位上的蔡宝发，通过深入调查研究，帮助领导找出了当时工作薄弱的根子，理清了抓好计生的思路。1996年，大田县一举甩掉了省“单列”帽子。1997年，他被省委、省政府评为计生先进工作者。1999年，蔡宝发发现人口流动导致计划生育出现了管理空当，如何弥补这个空当呢？蔡宝发提出了计生对象管理无缝接管制度，凡是迁出的计生对象必须移交到新的责任人手上，收到迁入地的回函方可移交管理，此举消除了管理真空、漏洞现象，得到了省人口计生委肯定。2006年，蔡宝发拟订了《大田县乡镇换届前人口和计划生育工作责任追究办法》，再次提出在乡镇领导换届离任审计时增加“计生关”，确保计生工作不脱节，此举也在全省得到推广应用。

担任人口计生局局长后，他严字当头，严查、严管、严办，先后查处了多起违反计生案件。不论是谁，从不徇私情，坚持依法行政。蔡宝发有着钢的品性，水的柔情。在工作中他要求计生干部要坚持以人为本、优质服务，并带头深入基层了解情况、寻找问题、探讨对策。蔡宝发的勤快既让局里各位计生干部不敢怠慢，又让各个乡村计生干部不敢粗心。蔡宝发说："大家一起努力，形成了合力，人口计生工作就可以出成绩。"

为全县村级计生管理员做业务培训。

2003 年，大田县被福建省定为"关爱女孩行动试点县"。为了解决当地群众"无儿无后"的思想顾虑，他在奇韬镇开展了"女儿上族谱"试点，引导群众改变重男轻女传统习俗。女儿上族谱的做法迅速在各乡镇推广，现全县 262 个村全部通过《关于女孩与男孩享有同等待遇的决议》，各姓氏在修族谱时，都实现了女儿上族谱，在群众中逐步树立起了男女平等的意识。这一创新之举先后在《福建日报》、《福建电视台》等媒体得到传播。2006 年，大田县获"福建省 2001 ~ 2005 年婚育新风进万家活动先进县"，县人口计生局获"全国维护妇女儿童权益贡献奖"，县计生协获"全国婚育新风进万家活动先进单位"；蔡宝发个人也获得 2001 ~ 2005 年福建省婚育新风进万家活动先进个人。

为了使计生家庭生活更加富裕，他积极协调相关部门先后组织、投入七批幸福工程滚动资金 117.4 万元，救助了一批计生贫困母亲户；为 842 户计生户提供财政贴息贷款，金额达 1 214.65 万元；组织党员干部与二女户等计生困难户家庭结对帮扶；出台二女户孩子中考加分、成才奖励等政策。在新农保试点工作中，县计生协会被评为全省计划生育协会先进单位和 1997 ~ 2007 年幸福工程救助贫困母亲行动先进单位。

近年来，他又带领一班人加强计生技术服务体系建设，为群众提供"婚、孕、育"免费服务，开展"医疗保健工程"，受到广大育龄妇女的好评。如今，大田县计生服务网络规范化、标准化位居三明市前列，县计生服务站是一级服务站，18 个乡镇计生服务所全部达到省级合格所标准，太华镇、上京镇两个服务所被授予福建省省级计划生育优质服务示范站所。奇韬镇计生服务所获“全国人口和计划生育科技工作先进集体”。

【评语】

伴随着我国人口计生事业的起步走过来的一批老计生人，立足本职，真诚服务，在平凡的工作岗位上展现出了自己的青春和才智，创下了不平凡的业绩。他们辛勤耕耘结出的累累硕果，既是人口计生系统创先争优取得成效的最好见证，又是我国人口计生事业不断发展的真实写照。

一片丹心献海岛

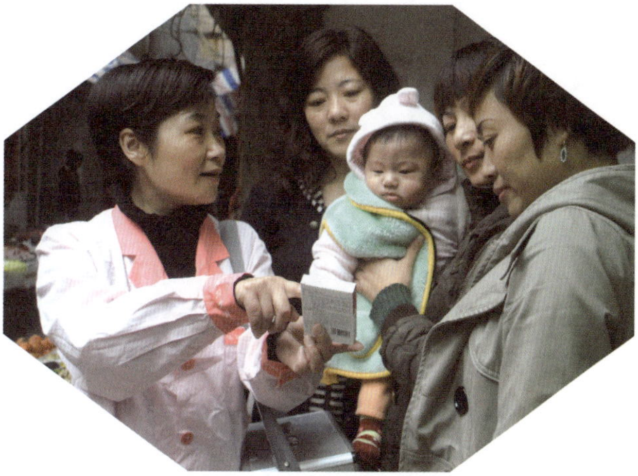

王塞娥指导育龄妇女合理用药。

她，扎根在偏远而贫瘠的海岛，从一位如花的懵懂小姑娘到干练的计生老大姐，用32年的光阴谱写了一曲壮丽的计生之歌。她就是被国家人口计生委评为“优秀工作者”，多次被福建省、宁德市及霞浦县评为“优秀共产党员”、“先进工作者”的霞浦县海岛乡计生干部王赛娥。

1979年，从卫校毕业的王赛娥被分配到海岛乡从事计生节育技术工作。报到后，王赛娥发现这个远离陆地32多海里的海岛，用“风吹石头跑，蚊子像小鸟”来形容一点都不过分。但是她没有被艰苦的环境吓倒，她将破旧而简陋的办公室布置成一个温馨的育龄群众之家，然后针对育龄群众到乡服务所检查要坐船往返极不方便而且还耽误生产的现状，制定了每月进村入户计划，并且按照先急后缓，先远后近，先重后轻实施。每到一户人家，她亲切的态度使育龄妇女的心情很放松；每次在给育龄妇女体检及手术后，她总要反复交代注意事项，隔天还要打电话问候。30多年来，王赛娥共抢救产危妇女30多例，抢救窒息婴儿300多名，被人们誉为海岛乡母婴的“保护神”。不仅如此，王赛娥还结合工作实际不断创新，打造了一个又一个享誉省内外的宣传服务品牌。她带头组织全乡女性计生干部、协会会长、小组长成立海岛“巾帼计生服务队”，对全岛育龄群众公开发出“八项承诺”，利用业余时间走村入户，深入宣传计生政策，普及婚育和生殖健康知识。不久，她又将服务拓展到向岛上群众发放“三户”联系卡；

王赛娥给育龄妇女上避孕课。

开通24小时服务热线等。不论在哪儿，人们随时都能看到王赛娥和群众促膝谈心的身影。在王赛娥的笔记本上，密密麻麻地记着各个村子的育龄妇女生育情况、疾病史和治疗情况、家庭生活等。

30多年来，王赛娥共为育龄妇女施行了近万例节育手术，无事故、无并发症。在王赛娥和她的同事共同努力下，海岛乡综合节育率一直保持在90%以上，全乡人口计生工作一直走在霞浦县前列。由于工作业绩突出，上级领导部门几次想把她调回繁华县城，但都被王赛娥婉言谢绝了。她说："我这一生，能认认真真做好人口计生工作这件事，能让岛上的母亲和孩子平平安安，就心满意足了。"

【评语】

"天下第一难事"是块试金石，真金不怕火炼；人口计生事业是个大熔炉，让好铁百炼成钢；人口计生工作是个好平台，催人奋发，创先争优，以顽强毅力和无怨无悔书写出精彩的人生。

创先争优 创造辉煌

福建省龙岩市新罗区人口计生局党支部是一个业务水平高、凝聚力强的集体。在开展创先争优活动中，他们确立了“科学发展、和谐计生”主题，以“建一流班子、树一流形象、创一流业绩”为工作目标，带领全区计生系统干部职工创新思路，拓宽服务,推动人口计生工作迈上新台阶。2009年，新罗区计生局被区委、区政府授予三等功。

计生局干部职工经常下基层开展便民服务活动。

“火车跑得快，全靠车头带”。结合新罗区实际，区人口计生局党支部以建设团结、务实、高效、廉洁的班子为目标，以增强凝聚力、执行力为重点，建立健全班子成员分工负责和工作汇报制度，积极为党委、政府当好参谋，提出合理化建议，建立完善了领导协调、激励保障、齐抓共管、经费保障四大机制，把人口计生工作纳入与经济建设同等重要的位置，坚持党政一把手负总责亲自抓、分管领导具体抓、区五套班子共同抓的运行机制，坚决落实计划生育“一票否决”制和责任追究制；将区直有关部门纳入区计生领导小组成员单位，每年开展区直部门及相关单位人口计生工作合格单位创建评估活动；成立综合治理出生人口性别比领导小组，形成部门联动，打击“两非”行为；成立区流动人口计划生育管理站，核定全额拨款事业编制10名，在各乡镇、街道建立流动人口“一站式”服务管理站，由派出所、计生、劳动、建设、工商、税务等部门抽调人员合署办公，实行信息共享、“一站式”服务。

新罗区投入200余万元建成关爱女孩生态园，吸引了大批游客前来参观。

工作做得好不好，群众满意是标准。区人口计生局党支部把群众的意见和需求作为决策的重要依据，始终保持和群众的血肉联系，在群众中树立了良好形象。局党支部在人口计生系统中开展“四个跑遍”活动，即局领导每年按分工负责跑遍所有村（居）；局机关和区计生服务站干部职工每年要下基层至少2个月以上；计生办（所）干部职工每年要分工跑遍辖区内所有的村（居）；村（居）计生管理员每年要对所管辖内的家庭上门开展宣传访视至少1次以上。设立了“四优一满意”（环境优美、技术优良、服务优质、管理优秀和群众满意）和“六个一”（一个窗口、一张笑脸、一声问候、一把椅子、一杯开水、一到即办）的文明办事制度，加强乡镇计生办文明窗口建设，实行“一条龙”服务。几年来群众对人口计生工作的满意率均在90%以上，人口计生行风评比在全区88个区直部门中一直名列前茅。

争创一流业绩，打造品牌是关键。局党支部把构建和谐计生与打造人口计生品牌紧密结合，树立了许多先进典型：有在福建省人口计生宣教工作会上被作为典型发言的计划生育新农村新家庭6种模式；有作为典型经验推广的流动人口5种服务管理模式；有被国家人口计生委领导高度评价为“生育文明与生态文明相结合的典范”的关爱女孩生态园；有被国家人口计生委评为“全国计划生育十大新闻人物”的西陂镇石桥村农民林亿汉；有江山、雁石2所省级优质服务示范所；有被省人口计生委确定为优生促进工程和人口早教示范区。在创先争优活动的有力推动下，新罗区连续13年出生人口政策符合率稳定在98%以上，平均出生人口性别比为106，晚婚率70%；2003年以来连续8年保持“全国计划生育优质服务先进区”荣誉称号，2008年12月被省政府授予“福建省2006~2008年度人口和计划生育工作先进单位”，被确定为“2010年度福建省人口和计划生育综合改革示范区”；2009年1月新罗区人口计生局被国家人口计生委评为“全国流动人口计划生育工作先进集体”，2010年度被国家人力资源和劳动保障部、国家计生委联合表彰为“全国人口和计划生育系统先进集体”。

新罗区2006年以来对二女户建房进行补助。

【评语】

把创先争优作为促进和谐的经常性保证，把创先争优作为服务群众的经常性机制，把创先争优作为加强机关党建的经常性要求，成为新罗区人口计生局的自觉行动，也成为新罗区人口计生局党支部率领全系统干部职工创先争优的丰富内涵，在创先争优的引领下，人口计生各项工作必将取得辉煌成就。

江西省

情系计生不言悔

闫素琴，这位在人口计生工作岗位上摸爬滚打了20多个春秋的基层干部，在人口计生新形势下，面对“天下第一难事”，始终牢记全心全意为人民服务的宗旨，真心诚意地为广大育龄群众服务。说到村里的计生工作，她如数家珍，清清楚楚。为了及时掌握全村育龄妇女的基本情况，她不辞辛劳，走家串户。一方面了解群众需求，为他们提供必要的服务；另一方面向群众宣传计划生育知识，讲解生育政策，宣传生殖保健知识。她的热情和辛苦赢得了群众的赞誉，被育龄群众称为“我们的贴心人”。

“工作是干出来的，不是说出来的，要干就要干好。要为民办实事，办好事。”这是她做人、做事的准则。自担任计生专干以来，她忠于职守，爱岗敬业，数十年如一日，自觉带头实行计划生育，从不徇私情，并以辛勤耕耘、无私奉献的精神，为育龄妇女做出了表率，面对难事，从不退缩，总是迎难而上，不辱使命。她作为一名村计生专干、妇联主任，始终把育龄群众看作是自家亲姐妹，帮扶济困，始终坚持以人为本、和风细雨、热情周到地做工作。通过积极引导和细致工作，促进了群众转变生育观念，计划生育已成为江上村群众的自觉行动。多年来，由于她出色的工作业绩和广大群众的拥戴，先后担任过县人大代表、县政协委员。在此期间，她紧密结合自身工作情况，积极履行参政议政职能，在大量调查研究掌握第一手材料的基础上，多次提交有关农村育龄群众方面的民生议案，为上级政府决策提供了很好的素材。

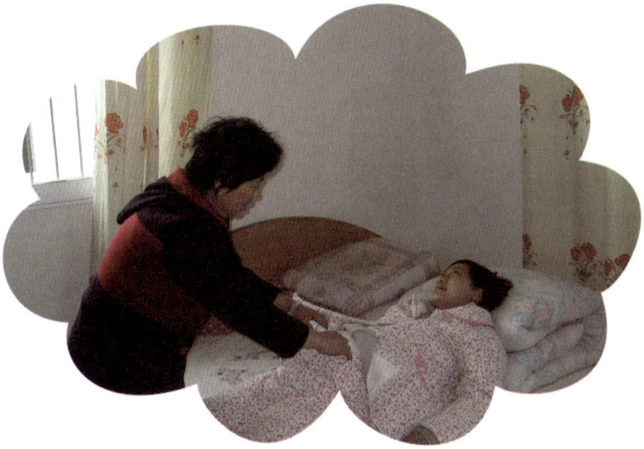

作为一名普通计生专干，闫素琴在干好自己本职工作的同时，还积极参与村两委工作，投身于村的集体事业。在村里的工作上，兢兢业业，从不打折扣，积极承担分片包组和结对帮扶任务。江上村新桥组在她的带领下，几年来发生了翻天覆地的变化，面貌日新月异，村民改正了一些不良习惯，家家住上了洋楼，村庄处处是鸟语花香，空气清新，环境整洁。她舍小家顾大家，一心为群众谋福利，想群众之所想，急群众之所急。作为一名普通基层计生专干、一名共产党员、一名村干部，她始终牢记入党誓言、干部的责任，坚持克己奉公，清正廉洁，一身正气，体现了一名优秀计生专干的风采，以无私奉献的精神在人口计生岗位上，在农村基层工作中，为融洽党群、干群关系架起了“双桥”。尽管闫素琴的工作得到大家的认可和称赞，但她总是谦虚地说，工作取得的成绩，是乡党委、乡政府正确领导的结果，是村级两委班子的支持，是广大群众配合的结果，是我继续前进的起跑线。

【评语】

一名普通的农家妇女，让人感受到的是平凡人的不平凡精神，看到的是平常中不平常的业绩。闫素琴用责任和爱心，把人口计生工作做得让群众心服口服，用自己的忠诚铸就了新时期农村人口计生干部的光辉形象。

三十八年计生情 无怨无悔人生路

许多人说，计划生育是“天下第一难事”。可江西宜春樟树市张家山街道槎市村的计生专干曾正梅，从 1973 年从事计生工作以来，一干就是 38 年，把一生中最宝贵的时光都奉献给了人口计生事业。2010 年 9 月份，曾正梅在全国纪念中央《公开信》发表 30 周年时被评为“人口和计划生育事业新闻人物”。面对荣誉，曾正梅说：只要党和人民需要，我一辈子从事人口计生事业无怨无悔。

1973 年，19 岁的曾正梅担任原清江县张家山公社槎市大队计生专干，开始了长达 38 年的人口计生工作生涯。“一个没结婚的姑娘能做好计划生育工作吗?”当时村民们都有些怀疑，但曾正梅毫不含糊，用行动证明着自己的决心和信心。1978 年，曾正梅在村里带头第一个上环，1982 年她又成为当地第一个节育的村计生专干。以往，有人认为抓农村计生工作就得用暴风骤雨式的方法，曾正梅却认为，只要能耐心地做好宣传解释工作，努力转变群众的落后观念，采取和谐的方式也是能够做好计生工作的。于是，曾正梅在村里组织了一支慰问队，村里哪个人节育了，慰问队就会敲锣打鼓送鸡蛋、送母鸡到她家去慰问，这种充满乡土气息的计生关怀，让那些刚接受节育手术的妇女和家属感动不已。曾正梅常说，计生工作就得“跑断腿、磨破嘴”，注重平时的工作。1975 年冬天，刚生完孩子的曾正梅还没出月子，得知村里一位刚实施结扎手术的妇女急需人护理，便不顾家人反对，顶着寒风去这位妇女家里帮忙照顾，让这一家

曾正梅(右 5)在向育龄妇女宣传生殖健康知识。

人感动不已。为了村里的计划生育，曾正梅几乎没有时间辅导自己孩子的学习，甚至连一次家长会都没能参加，为此，曾正梅心中总有抹不去的愧疚。曾正梅也时常对自己说：“群众给了我理解和信任，大事小事都愿对我讲，这是我最大的欣慰和收获。”可是，当曾正梅自己说这些话的时候，眼里总是……

“计生家庭的事就是我的事！”曾正梅认识到，在新时期、新形势下开展人口计生工作，利益导向机制尤为重要。于是，在工作中，她不断探索创新“利益导向机制”，从当年的一只母鸡和几斤鸡蛋开始，到街道每户奖励2 000元的基础上，村里再给200元的补助，并优先将计生家庭纳入农村低保。群众看在眼里，热在心上，自觉地增强了计划生育自觉性。前些年，铁门自然村的二女户熊小姑第二个女孩遭遇不幸，本来她可以去做输卵管复通手术，但她自愿放弃再生一个孩子的计划，选择集中精力发展生产，培养好女儿。在她的带动下，又有几户二女户主动做了节育手术。槎市村许多青壮年劳动力在外地打工，计生工作推进难度较大。针对这一情况，曾正梅利用互联网在村部建起了“爱心在线·亲情视频”生育关怀活动室，在不同时间对留守的计划生育家庭成年人、老年人和未成年人免费开放，使远隔千里的亲人通过视频见面。借助这个平台，曾正梅还着重向在外务工的村民进行计生宣传，叮嘱计生对象合法生育。

春风化雨爱无声，无怨无悔计生情。38年来，从青春靓丽的小姑娘到年近花甲的中年妇女，曾正梅见证了农村人口计生工作的发展历程，亲历了人口计生工作思路和工作方法的变化，也得到了乡亲们的信赖和肯定，成了槎市村村民心目中最值得信赖的领头雁。如今，曾正梅又在培养计生专干新的接班人。

【评语】

38年，曾正梅把人生最美好的青春献给了计生事业。在平凡的工作岗位上，做群众的贴心人，带领群众少生快富，点点滴滴，春风化雨，赢得了乡亲们的信赖与支持，在群众心中树立了新时期共产党员、计生干部创先争优的良好形象。

"先锋工程"激活创先争优原动力

经常下乡开展服务。

江西省新余市人口计生委紧紧围绕创先争优活动总体要求，结合人口计生工作实际，开展以"认领先锋岗位、兑现先锋承诺、树立先锋旗帜"为主要内容的"先锋工程"，每个党组织和党员自愿认领一个具体的先锋岗位，并确定1～3件实事向组织和服务对象做出"双向承诺"，有力地激活了创先争优活动原动力，有力地促进了人口计生工作科学发展。

认领先锋岗位——新余市把创先争优活动目标细化为"宣传先锋"、"服务先锋"、"帮扶先锋"、"科技先锋"、"文明先锋"、"信息先锋"、"爱心先锋"等具体的先锋岗，做到按需设岗、因事定岗，确保创先争优活动与全市中心工作有机结合、融为一体。同时结合基层人口计生工作实际，量化先锋要求，把党组织"五个好"争创目标分解为"抓班子、带队伍、建机制"3项共性指标和"文明、和谐、幸福"3项个性指标，把党员"五带头"创先争优目标分解为12小项100分指标，把标准细化到工作责任，量化成具体分值。按照"自主自愿、能岗相适"的原则，组织基层人口计生系统党组织和党员结合自身特长优势，公开认领一个具体的先锋岗位，把创先争优的具体要求转化到日常工作中。

兑现先锋承诺——自创先争优活动开展以来，新余市在人口计生系统党组织和党员中开展公开承诺活动，由各级人口计生系统党组织和党员分别确定为群众办实事项目，做到措施、责任、时限和预期效果“四明确”。承诺内容要求立足本职，有较强针对性和可操作性。并通过报纸、电视、计生事务公开栏、人口计生网等形式告之于民，接受群众评点和监督。为促进承诺落实，新余市还建立健全党组织和党员先进联后进、“一对一”帮带、承诺档案等工作机制，督促抓好承诺落实。同时为每个党组织和每名党员配发了《创先争优先锋工程日志》，要求每个党组织和每名党员如实记录推进落实情况。同时，新余市积极搭建平台，创新载体，深化“五联五促”（部门联动、促统筹能力提升；宣传联动、促婚育新风形成；服务联手、促健康指数提升；队伍联训、促服务素质提升；民生联办、促计生家庭发展致富），结对共建、“抓效能、创五好、当先锋”等活动，进一步健全人口计生系统党员联系计生中心户、中心户联系群众的服务网络。据不完全统计，活动开展以来，各级共承诺620多件实事，目前已完成256件，真正使先锋岗变成了联系群众、服务群众、密切群众的“连心桥”。

塑造先锋形象——新余市建立并落实了先锋岗“动态考核、双向评议、积分奖惩”办法，制定下发了《关于对在职在岗干部职工实行绩效考核鼓励争先创优的意见》等文件，在考核方式上，看先锋岗发挥先锋模范作用情况、看先锋岗各项工作创先争优情况、看群众对先锋岗工作满意度。对先锋岗每月进行自我评估1次、每季度组织检查考核1次、每半年组织民主测评1次、每年开展总结表彰1次。并将先锋岗与评先评模、职务调整、推荐重用等直接挂钩，有效激励引导全系统党组织和党员干部比学赶超、争当先锋。前不久，组织开展了“学先进找差距谋发展当先锋”活动，对活动中涌现出的6个先进基层党组织和10名优秀共产党员、10名优秀女孩、10户生育文明家庭等进行深入宣传，用看得见、摸得着的身边人和事带动全系统各级党员和广大育龄群众创先争优。

【评语】

紧紧围绕创先争优活动总体要求，结合人口计生工作实际，开展以“认领先锋岗位、兑现先锋承诺、树立先锋旗帜”为主要内容的“先锋工程”，让每个党组织和党员在先锋岗位上发挥作用，落实1~3件实事，并向组织和服务对象做出“双向承诺”，激活了创先争优活动原动力，促进了人口计生工作科学发展。新余市的创先争优活动充分彰显了“创先”，充分实践了“争优”。

山东省

献身国策谱华章

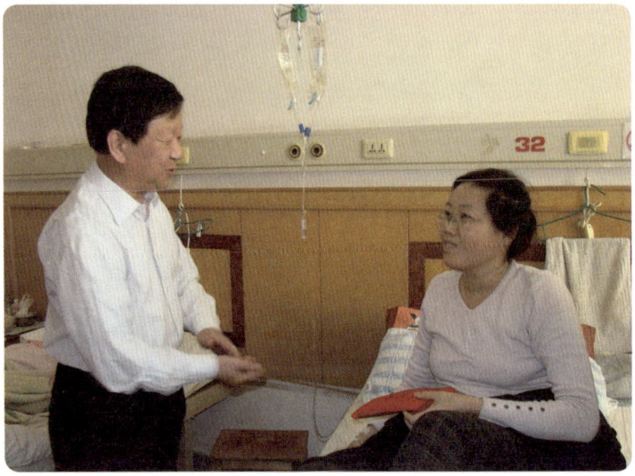

山东省滨州市滨城区人口计生局局长刘冠利投身计生工作 8 年来，以一位人民公仆的高度责任感和事业心，带领系统广大干部职工奋力拼搏、无私奉献、勇于创新，使全区人口计生取得了骄人的业绩：滨城区被授予全国计划生育优质服务先进区、全国婚育新风进万家活动先进单位、山东省计划生育优质服务先进区等十五项省级以上荣誉，多次夺得全市人口计生工作考核第一名，区人口计生局被命名为全国人口计生系统先进集体、省级文明机关，全区计划生育率 98.38%、群众满意率保持在 96%以上。

刘冠利深知，不断创新是人口计生工作上档次上水平的重要标志。于是，他带领计生系统广大干部职工锐意改革，大胆创新，在全市、全省乃至全国创造了许多好的做法和经验：2003 年 4 月份，区法院成立了人口计生案件合议庭，这是山东省法院系统第一个专门审理计生案件的合议庭；2004 年 6 月，建立了人口计生、公安、民政等部门组成的计划生育联合执法室。“一庭一室”的做法，得到了省、市人口计生委及省、市法院的肯定和推广；在全国率先开通“紧急避孕 120、6050 奖励扶助、关爱夕阳 110、1530 流动人口服务”等四条热线，构建起“四线一车”服务体系；探索建立了“属地管理、户况显示、楼长负责、信息化管理、优质服务一居一队”的城市居民小区计生工作模式；自主研发的城市育龄妇女计生管理系统软件获全国第五届 OA 典型应用系统奖，城市及流动人口计生服务管理经验两次在全省计生工作会议上作典型发言；在村级计生队伍实行了以“三化五制”为主要内容的职业化管理改革，该经验在全国人口计生队伍职业化建设座谈会上作了介绍；全面开展村级计生主任中专函授学历教育，2005年8月，全省村级计生主任中专函授学历教育经验交流会在滨城召开。此外，还创造了诸如成立村级婚育新风促进会、建立了人口计生综合治理“八大体系”、实施“三个一”推进计划、实行乡镇计生队伍“四制”改革等经验做法，极大地推进了基层人口计生工作发展。

“作为一个共产党员基层干部，上要对得起党和国家，下要对得起百姓群众，中间要对得起自己的良心。”这是刘冠利经常勉励自己和同事的一句话。在实际工作和生活中，他以身作则、严于律己，时时刻刻用三个“对得起”的标准来要求自己。自2003年3月份任滨城区人口计生局局长以来，曾有一些人给他送钱送物，都被他拒绝或者交公。由于刘冠利对工作尽职尽责，一丝不苟，坚决执行人口计生政策，也得罪了一些超生户，甚至受到恐吓，但刘冠利从未畏难退缩过。不管是数九寒冬还是盛夏骄阳，刘冠利总是亲自带领一班人走街串巷挨家挨户把计划生育、优生优育等知识送到群众家里，也和育龄妇女成了无话不谈的知心朋友，成了群众心中最可爱的人。在滨州市设市10周年建设功臣、富民强市杰出贡献人物的评选中，刘冠利高票当选，并且是全市人口计生系统唯一获得此项殊荣的人，并先后荣获“全国计生协会先进工作者”、“全国人口计生科技工作先进个人”、“全省优秀理论教育工作者”，多次被市委、市政府记二等功。

【评语】

创先争优，激发了基层党员干部的内在动力和创新能力，为基层人口计生工作营造出奋发有为的浓厚氛围。刘冠利乘创先争优之东风，不断创新发展，不断争优夺冠，为当地人口计生工作和经济社会发展创造了可喜的局面，也结出了累累硕果。

坚守原则的拼命三郎

从21岁的风华正茂到年富力壮的今天，山东省人口信息中心调查科科长王志葆用一名共产党员的品质在国策路上辛勤工作着、耕耘着。18年来，王志葆在充满各种诱惑和各方压力的调查考核的敏感岗位上，始终兢兢业业，一丝不苟，坚持原则，刚正不阿，带领一支遵纪守法的“铁军”，一次次出色圆满地完成每年全省人口和计划生育目标责任调查考核任务，被省人口计生委领导赞誉为“最信得过的队伍”、“不会不完成任务的人”。他对待工作从不带个人色彩，从不计个人恩怨，从不以公徇私，总是把实事求是、公正客观放在第一位，把对党的忠诚，对事业的忠诚和对工作的高度负责精神统一落实到每一次调查考核、每一项事实证据处理上；他对调查考核中发现的问题从不回避迁就，从不被各种利益诱惑所打动，从不被各种威胁恐吓所吓到，坚持不畏权、不图利、只唯实，把党所倡导的实事求是精神，体现在解决每一个问题、完成每一次调查任务上。

讲责任、讲大局、讲奉献，在他平时的工作中，得到了一一体现。在每年的人口目标管理责任制调查考核工作中，他不论是任调查员还是任调查组长，一直坚持实事求是，严格遵照调查程序，排除一切干扰，重事实、重证据，丁是丁、卯是卯，不放过任何一个疑点，不夸大一个事实，从未因人为因素修改过一次调查数据。他说：“计生考核，就像是体育比赛场上的裁判，不坚持实事求是，就会失去公平、公正，就会影响基层同志干好工作的积极性，也会助长基层同志懒惰、投机意识的滋生。所以必须要坚持实事求是。”基层调查是一项很艰苦的工作，但是他无怨无悔，乐此不疲。同志们常说：“志葆干工作，有一股拼命三郎的干劲。”不论严寒酷暑、风霜雨雪，只要接到任务，他毫无二话，带领调查队员立马起程。天气炎热，他的衬衫湿了干，干了湿，可他总是关切地让队员们注意休息，自己从不放下手中的工作。在圆满完成一次次调查任务后，尽管人晒得黝黑，但心里却很轻快。有时为了弄清一个事实、摸透实情，他多次返点调查，哪怕连续登门四五次，奔波几百公里也不嫌麻烦，不言劳累。许多节假日，他都是在调查考核的征程中度过的，有时甚至到大年除夕才赶回家。据不完全统计，他参加工作 18 年以来，到基层调查约行程 24 万公里，相当于围绕地球绕行了 6 圈。

计划生育调查考核很多时候会影响到当地政府的政绩，这就要求调查队员既要作风扎实、方法科学，又要廉洁自律、不徇私情。针对一些群众怕得罪人遭报复、有的村干部怕担责任不敢提供政策外生育真实信息，“入户调查难”、“掌握实情难”的状况，他坚持以诚待人，以理服人，以情感人，耐心细致地做好思想政治工作，让他们解除思想顾虑，提供真实情况，不达目的决不罢休。在调查中他敢讲真话，不怕得罪人，认真执行考核工作纪律，针对现场调查考核中可能出现问题的风险点，研究制定了具体的防范措施，防患于未然。现场调查坚持自带车辆，自己安排食宿，不收礼、不吃请，不搞人情调查，排除各种干扰，确保考核结果符合实际、客观公正。

没有信誓旦旦的豪言壮语，更没有隆重仪式的举手誓言，他常说：“共产党员体现在哪儿？就是老老实实做人，实实在在工作上。” 18 个春秋里，他先后走访调查全省 140 个县（市、区）520 次、村（居）1 200 个、入户 2.5 万户，参加拟定调查方案 60 个、设计调查表格 400 张、问卷 50 余份。一分耕耘，一分收获。由于政治素质好，业务能力强，作风扎实，他先后被国家和省人口计生委评为“优秀调查员”，被省统计局、省统计学会授予统计工作先进工作者称号，6 个年度受到省人口计生委嘉奖，多次评为省人口计生委优秀共产党员、工会积极分子。2010 年他被省人口计生委、省人力和社会保障厅联合推荐为全国人口和计划生育工作先进个人，是山东省自 1988 年实行人口和计划生育目标管理责任制以来在一线从事具体调查考核工作的调查员享受到的最高规格的表彰奖励（享受国家劳动模范待遇），也是对这一艰辛工作的充分肯定。

【评语】

以身作则，身先士卒，创先争优，模范带头，在重要岗位中始终坚守制度和原则，一心为公，不谋私利，这就是党性，这就是一位共产党员在人口计生岗位上应有的风范，这就是创先争优活动在人口计生战线催生的灿烂精神文明之花。

创先争优之歌给力走红

"全体党员个个要牢记，强堡垒做先锋活动主题；创先争优人人当模范，各项工作努力争第一……践行承诺干事创业，立足岗位奋发进取；急难险重勇于冲在前，为民服务努力办实事……"兔年新春，一首由贵州农民自编自演的花灯戏《十谢共产党》火遍乡村，红透网络。无独有偶，山东省潍坊市人口计生委自编自演的歌曲《创先争优之歌》也迅速传唱开来，许多单位将此歌曲作为春节文艺晚会的主旋律曲目，成为该市春节前后文艺活动一道亮丽的风景线。创先争优之歌给力走红是潍坊市创先争优活动的一个缩影。2010年以来，该市在连续3年开展创先争优活动的基础上，根据中央和省市委部署，在市直人口计生系统开展了以强堡垒做先锋，打造人口计生钢班子铁队伍为主题的创先争优活动，有力地推动了机关党组织的建设和各项业务工作的全面发展，打造出了一流的人口计生队伍，创造出了一流的工作业绩。

市人口计生委对创先争优活动非常重视，大力营造良好氛围。除了开办"创先争优活动亮点评选展示栏"、"创先争优活动成果一览表"、"党员干部创先争优光荣榜"和"学习园地"4个固定的宣传栏外，要求党员干部人人佩戴胸徽，摆放"共产党员先锋岗"桌签。在机关会议室和各科室，统一制作张贴了精美的宣传标语，真正做到"一个支部一个堡垒、一块牌子一份责任、一名党员一面旗帜"。公开承诺是创先争优活动的基础工作和关键环节，为此，市人口计生委把承诺与制定业务工作计划、目标及个人的学习成长计划、目标结合起来，从单位到个人，分三个层面层层进行了公开承诺。一是机关党总支的承诺。委党组要求，市直人口计生系统班子、队伍建设要内强素质、外树形象，全面打基础、上水平、创一流；各项业务工作要求突破、求创新、上位次、争第一。全委总体和各方面工作都要发扬“见红旗就扛、有第一就争”的精神，在以往工作位次的基础上，瞄准一流目标，争先进、夺位次、上台阶。凡是有量化考核的工作都要努力争第一，其他工作竭尽所能创经验、出典型、创一流。以一流的工作业绩检验队伍建设的成果和水平，为党旗增光添彩。根据这一要求，党总支提出了“业务工作争第一、机关党建创一流、纪律作风作表率、为民服务当先锋”四个方面的承诺。二是根据党总支的承诺，各支部、科室和各单位制定自己的承诺。报单位领导审查后在机关公开承诺。三是党员和干部职工的承诺。承诺是活动的起点，而践诺是活动的关键，评诺是活动的动力。他们将承诺、践诺、评诺与各方面工作有机结合起来，实行了四个结合。即与全委中心业务工作相结合，与全面加强机关党的建设相结合，与机关和直属单位绩效考核相结合，与工作创新和亮点评选相结合。承诺的过程实际上也是制定业务工作计划目标和层层分解任务指标的过程，践诺、评诺的过程实际上是调度业务工作和业务工作总结评比的过程。市人口计生委还设立了党员先锋岗和党员示范窗口，通过领导点评等方式，及时表扬活动中涌现出的好人好事，还在委机关树立了任劳任怨、勤勤恳恳工作的典型，发挥优秀共产党员的先进模范作用。

2010 年 9 月，市委、市政府专门召开了由市五大班子领导、县市区人口计生工作“五职责任人”和市直部门主要负责人参加的人口计生工作大会，专门对人口计生委予以通报表彰，记集体二等功。这是市人口计生委连续三年获得二等功。这样高规格地对一个部门进行表彰奖励，在潍坊市历史上是第一次；市人口计生委班子连续 5 年在市委年度考核中满意率为 100%，在全市行风万人评活动中一直名列前茅，被评为全市人民满意的公务员集体，成为潍坊市党政机关的排头兵。

【评语】

在开展创先争优活动中，牢牢把握承诺是活动的起点，践诺是活动的关键，评诺是活动的动力这些关键环节，通过设立党员先锋岗和党员示范窗口，采取领导点评的方式，及时表扬活动中涌现出的好人好事，树立任劳任怨、勤勤恳恳的工作典型，能够充分发挥优秀共产党员的先进模范作用，能够充分实现创先争优的价值和目标。

河南省

无悔计生路 风雨总关情

李清珍向本村育龄妇女传授计划生育政策及生殖健康知识。

李清珍是河南省卫辉市太公泉镇李庄村计生宣管员。2003年通过竞聘上岗，当上了村里的计生宣管员。从那时起，她把一颗心全都扑在了工作上。在市里举办的村管理员培训班上，她勤奋好学，积极向上，前前后后写满了5大本笔记，内容包括业务知识、生殖保健、优生优育、法律法规等，细致而缜密。作为一名村计生宣管员，李清珍清楚地认识到村宣管员虽说算不上个什么官儿，可责任重大。在如何管理好、服务好全村育龄群众上，她动足了脑筋。对村上每一个育龄妇女，她心里都有一笔账，生育节育情况、避孕措施落实情况，家庭具体生活状况，她都了如指掌。为了帮助育龄妇女家庭尽快富裕起来,她带头搞庭院经济,搞养殖,开商店，并把自己的致富经验传送给村里的姐妹们。在她的带领下，村里不少育龄妇女家庭先后有了自己的致富项目，日子也一天比一天红火起来。育龄妇女把她当成自己的好姐妹，贴心人，知心人，有啥话都愿意和她说，有啥事也都愿意跟她讲。

有一次，李清珍家里发生了一件大事：由于她家里电线老化短路，引起了火灾，家里仅有的三间房子和粮食、冰箱、彩电以及刚刚卖猪换来的两万多元钱全都化成了灰烬。就在这时，村民们纷纷自发地给李清珍家里建住房，一天内就凑足了三间房的毛木料，2 000多斤玉米、1 000多斤小麦。市人口计生委和太公泉

镇政府、计生办、各村计生宣管员也纷纷向李清珍伸出了援助之手，以不同方式捐钱捐物，人们把关爱之情反馈给了这位育龄妇女的贴心人。

在李清珍的努力下，李庄村由原来的计划生育二类村晋升为一类村，独生子女领证率逐年升高，计划生育优惠政策落实率达到100%。李清珍也连续6年被卫辉市人口计生委评为先进村级计生宣管员，被新乡市人口计生委评为“十佳”村级计生宣管员，在2007年全国农村人口和计划生育工作会议上，李清珍作为唯一一名基层计生宣管员作了典型发言。李清珍在平凡的岗位上做平凡事，为人口计生事业默默耕耘着、奉献着，用瘦弱的肩膀撑起了一片蓝天。

【评语】

她是一名最基层的计生工作者，尽管有艰辛，有委屈，有泪水，但收获的是育龄姐妹的笑颜，是全村群众的信任。在人口计生事业的壮丽画卷中，她们用自己的心血和汗水描绘出了最美丽的风景。

创先争优春风起 计生农户展笑颜

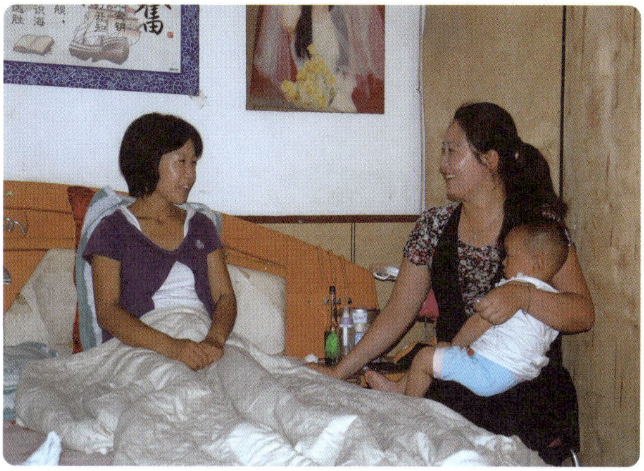

党中央号召各级党组织开展创先争优活动，犹如一股春风吹遍祖国各地。河南省辉县市人口计生委结合单位实际，决定联手高庄乡孙村共同开展创先争优活动，帮助建设富裕新农村、和谐新农村，让实行计划生育的群众得到更多实惠。一年多来，孙村群众在创先争优活动中受益匪浅、面貌一新。

村里的计生模范户施利琴家原有一个面粉厂，2009 年因为意外而被迫停产了。去年 5 月份，全市“婚育新风进万家”三下乡文艺汇演到孙村演出，乡里分管人口计生工作的杨乡长见到以往总是笑容满面的施利琴满脸憔悴，便和她拉家常，当得知她家的面粉厂遇灾停产面临困境后，当场表态：“乡里一定帮你想办法！”没多久，乡村干部给施利琴带来了好消息，她被确定为市人口计生委创先争优结对帮扶对象，承诺帮助她的人是市人口计生委主任原全琴。一时间，全村姐妹都为施利琴高兴。2010 年“七一”党的生日前一天，原全琴带着一名技术员和市人口计生委全体干部职工所捐的钱，来到施利琴的面粉厂协商帮扶办法，随后又协调市信用社为施利琴办理了贴息贷款。不久，施利琴的面粉厂重新开工了，机器轰隆隆地运转起来了。2011 年一开春，施利琴家就还清了贷款。

2010 年 8 月份，村民李海亮五岁的独生子得了白血病，这对一个普通家庭来说是一个沉重的打击。为了给儿子治病，李海亮不仅花光了家里的所有积蓄，还

欠下了十来万元的外债。他的遭遇牵动着每个人的心，帮助李海亮支撑起他那个摇摇欲坠的家庭是全村人的一致愿望。村党支部、村委会积极号召全村群众为李海亮家捐款。致富不忘回馈乡亲的施利琴一下拿出了5 000元。随着创先争优活动的深入开展，孙村的民风日趋和谐，乡亲们逐步走上了小康道路。看到这一变化，一些外出打工的村民也纷纷回到了村里。村民芦秋保原来一直在外地经销蔬菜，去年7月份，她发现好多村民因为创先争优活动发家致富，就想回来种反季蔬菜。施利琴主动和她联系，劝她回来发展特种农业项目，并及时向村里反映她的情况，村里帮她解决场地13亩、协调无息贷款3万元。8月底，芦秋保家的大棚建起来了，蔬菜也种上了，她把全部心血都倾注在大棚里，决心不辜负村两委班子对她的期望，干出样后再帮助大家一起致富。经过几个月的努力，她的反季蔬菜收入3万多元，芦秋保高兴地说："谁愿意种反季蔬菜，我就为他们免费当技术员。"目前，孙村已有26户村民在施利琴等人的影响和引导下走上了小康之路。

如今的农村人尤其是女人也在追求过城里人一样的生活，时尚、美丽是她们生活富裕后的新梦想。在发展家庭经济的同时，施利琴也想让自己的姐妹们都漂亮起来。为此，施利琴在孙村街中心开了一间美容店，试图打造孙村的"时尚"平台。美容店制定了一条不成文的店规，凡本村的计生家庭姐妹，遵纪守法、勤俭持家的模范户姐妹均可免费进店做护理。如今，衣着整洁、打扮时尚的姐妹们成了孙村一道亮丽的风景线。

孙村的创先争优活动仍在进行，计生户的幸福生活也在继续，广大农民的明天将更加灿烂美好！

【评语】

一个创先争优活动激活了农村人口计生工作，一项创先争优帮扶工程致富了一个施利琴，一个施利琴带富了一群农村姐妹，一群富裕起来的农村姐妹开创了一方农村新天地，真可谓：创先争优春风起，计生农户展笑颜！

“五个一”——通往民心的创先争优之路

开展“双提高”活动专家座谈会。

河南省郑州市人口计生委党组在创先争优活动中，以建设“为民、务实、清廉”机关为目标，着重加强机关党员干部学习教育、党性锻炼、作风改进，通过开展“五个一”活动,塑造了人口计生系统亲民维权、文明执法、求真务实、清正廉洁、吃苦奉献的新形象：一场“红色经典”推介活动。采取课堂信息化教学，组织观看了《毛泽东》、《邓小平》、《时代先锋》、《复兴之路》、《国情备忘录》等红色经典，通过学习无产阶级革命家和时代先进人物的感人事迹、了解改革开放成就，增强做好人口计生工作的责任感和使命感。一组“联系共建”帮扶活动。组织与二七区五里堡社区开展“服务城乡、联点共建”活动，机关支部带动社区支部互帮互助，共建先进支部。一场“谈心交流”剖析活动。集中谈心、个别谈心相结合，党组成员、处室负责人、普通党员层层开展批评与自我批评，进行党性剖析。一场“读书用书”竞赛活动。购买图书2 000多册建设了机关图书馆，组织党员干部开展集中读书活动，深入基层开展调研活动，每周撰写一篇读书心得，每月上交一篇调研文章，用科学理论指导工作。一场“先进典型”带动活动。开展“学模范、比贡献”主题活动，组织党员干部学习沈浩、好支书张可山等先进事迹，树立见先进就当，见红旗就扛的思想。“五个一”活动的开展，提高了党员干部的党性观念、为民意识，提高了人口计生干部优质服务、群众工作、创新工作、调查研究、综合协调的五种能力。市人口计生委党支部先后被评为“学习型党组织”、“优秀基层党组织”和“五好机关党组织”，2010年市人口计生委获省级文明单位称号，郑州市相继获得了全国人口和计划生育综合改革示范市、全国婚育新风进万家活动示范市、国家流动人口计划生育先进单位等多项荣誉。

组织全体党员学习好支书张可山先进事迹。

“发展为了民生，民生就是民心。”在更加关注民生民情的今天，郑州市人口计生委本着“计生就是民生”的理念，把关注民心所向、关心民生发展作为创先争优活动的出发点和着力点。从2010年起，郑州市以实施人口计生“双提高”活动为抓手，推动创先争优活动的开展。通过“六进家庭”活动（婚育新风、优质服务、优惠政策、幸福行动、生育关怀、优生优育），达到“提高出生人口素质、提高家庭发展能力”的目的，立足家庭、着力发展。一是完善利益导向体系，提升家庭发展能力。出台各项优惠政策15项，2010年落实利益导向资金2.3亿元，共建成生育关怀基地301个，使1.2万户计生家庭脱贫致富。每两年对辖区已婚育龄妇女进行1次妇科病普查普治服务，年均妇女病普查43万人次。二是全面开展优生促进，开创家庭幸福之源。将“免费开展出生缺陷一级预防”纳入市委、市政府为民办实事项目，开展孕前风险评估4.7万人，孕前优生筛查6.6万例，孕前优生筛查覆盖率达到70%以上。三是探索多模式服务，拓展公共服务领域。成立流动人口“爱心救助港”，流动人口贫困户可持优惠卡享受服务。3年内完成“村规民约”修订工作，强化群众自治，打造诚信计生，维护计生家庭合法权益。探索建立以政府投入为主、社会帮扶为辅的计生家庭养老体系，探索集中养老、居家养老、自愿帮扶等多元化的养老服务，让计生家庭老人晚年生活无忧。如今，“独生子女双女户，五十开始领补助；计

创先争优活动亮点评选展示栏。

划生育真实惠，合作医疗也免费……”已成为当地群众总结计生奖励优惠政策的顺口溜。为此，近年来郑州市人口计生委在全市组织的部门行风评议中，连续5年名列前四，2009年度名列第一，所辖的11个县区人口计生部门中7个名列第一，4个名列第二。在多部门行风评议中第一名的成绩，验证了“发展就是民生，民生就是民心”的硬道理。

【评语】

“问渠那得清如许，为有源头活水来。”郑州市开展的创先争优“五个一”活动，推进了基层党组织建设，激发了干部队伍干事创业的激情，营造出奋发有为的浓厚氛围，为扎实开展“提高出生人口素质、提高家庭发展能力”活动，找到了一条通往民心的创先争优之路，为创先争优活动赋予了深刻的实践意义。

湖北省

视事业如生命 待群众如亲人

湖北省安陆市雷公镇王畈村人口计生专干王桂珍在“天下第一难”的岗位上工作了 14 年。十几年来，她视事业如生命，待群众如亲人，被称为育龄妇女的贴心人。更令人感动的是，身患癌症 6 年来，她工作劲头不减，任务一项不落，王桂珍的事迹感动荆楚大地。

1996 年的王畈村是人口计生工作“难点村”：群众生育观念落后，政策外生育时有发生。当时，村里的专干已空缺两年，能干、要强、吃得苦的王桂珍被推到计生专干的岗位。上任伊始，她把调查了解育龄妇女情况作为首要任务。乡亲们忙农活起得早，王桂珍起得比他们还早。白天找不到人，就晚上登门。有的家去一次没人，就去两次、三次。外出打工妇女信息不好查，她变着法子去娘家问。很多人不理解她的工作，她自己也记不清遭了多少次人的白眼，为此曾偷偷哭过好几回。哭归哭，第二天照样上门。风里来雨里去两个多月，王桂珍终于摸清了情况，全村头一次建立了完备的育龄妇女档案。王桂珍经常到育龄妇女家嘘寒问暖，交心谈心。育龄妇女身体不舒服，家里不顺心，都主动和她聊聊。她也千方百计帮她们排忧解难。谁家小孩生病了，她帮忙照看；哪个育龄妇女住院了，她到医院去照料；谁家有困难，她总是进行力所能及的帮

助……村支书说："计生家庭有困难，她吃不下睡不香。"王桂珍还主动帮扶一些贫困户致富。女孩户汪东霞想搞养殖，却苦于无资金来源，王桂珍找亲戚朋友帮汪家贷了款。现在，汪家不仅盖了小洋楼，还成了当地的养殖大户。很多村民都说："桂珍姐不是亲姐妹，可比亲姐妹还亲。"

2005 年 3 月份，王桂珍不幸身患肺癌，病倒在工作岗位上，但她仍然矢志不渝、乐观向上，顽强同病魔斗争，坚持在人口计生工作第一线。2005 年 4 月份，夫妻俩拿出多年积蓄到武汉协和医院做手术。临上手术台前，王桂珍还惦记几位姐妹没参加"三查"，打电话给村支书嘱托安排她们检查。听说王桂珍身患绝症要做手术，姐妹们哭成一团，都要去武汉看"桂珍姐"。村主任最后选派了 20 个姐妹代表，和王桂珍的丈夫挤在手术室外的过道里，一直守候到"桂珍姐"苏醒。手术后，王桂珍拖着病身子回到工作岗位：例会一次不缺，信息及时上报，"三查"精心组织，"四术"上门随访……当年全村计划生育工作仍然项项达标。

2007 年 2 月份，正是落实"三查"、"四术"的关键时期，王桂珍连续加班半个月，又一次病倒。医院检查发现她体内的癌细胞已经转移，不得不再次住院。经过短暂康复治疗以后，她又重新回到工作岗位。2008 年村委会换届，王桂珍担心身体影响工作提出不再参选。镇、村领导同意了她的请求，但村民们强烈要求她留任，无一例外将票投给了她，王桂珍以全票再次当选。即便被病痛折磨，王桂珍始终为全村育龄妇女奉献着。新年工作例会，王桂珍丈夫搀扶着桂珍走了七八里泥泞小道才赶上了去镇里的头班车，离镇最远的她头一个赶到会场；生殖健康普查，突然下起大雨，正当大家担心育龄妇女能否来的时候，她带着几十名育龄妇女准点赶到；兑现计生奖扶，她总以最快的速度将钱送到奖扶对象的手上。王桂珍担任专干十几年以来，这个 1 000 多人的村子无一

例政策外生育，无一例选择性别生育，无一例计划生育上访事件，无一例乱收费现象发生，落后村成了“老先进”。王桂珍的工作得到了充分肯定。她先后荣获“先进工作者”、全省人口计生系统“新时期最可爱的人”、湖北省“三八红旗手”、湖北省劳动模范和优秀共产党员、“新时期基层人口计生干部的楷模”。王桂珍常说：“人口计生工作已经融进了我的血液。只要我活一天，群众相信我一天，我就要继续干我热爱的事业。”

【评语】

“人口计生工作已经融进了我的血液。只要我活一天，群众相信我一天，我就要继续干我热爱的事业。”平凡的话语蕴含着不平凡的精神。王桂珍的事迹予人的启示在于：只要有责任和爱心，天下“第一难事”一定会得到群众的理解和支持，一定会做得到有声有色。

创先争优创出计生新天地

2010 年 1 月，百步亭社区管委会主任王波在中国计生协六届五次理事会上就百步亭社区居民自治工作做典型发言。

作为荣获全国文明社区示范点、全国先进基层党组织、人口和计划生育基层群众自治示范村（居）、全国计划生育协会先进单位等 100 多个国家级奖项的社区，湖北省武汉市百步亭社区把创先争优活动与建立“党的领导、企业资助、居民自治、群众参与”人口计生工作新机制、加强社区建设与开展爱心惠民相结合，推动新时期人口计生工作创新和突破，实现了社区人口计生工作的提档进位。

百步亭社区将区内 7 000 多名党员组织起来，成立了 8 个居民党支部，350 个党小组，党员志愿者队伍达到了 4 000 多人。党员活跃在群众之中，在人口计生工作中发挥了先锋模范作用，形成了党组织对居民有求必应、居民对党组织一呼百应的良好局面。社区围绕保障和改善民生创先争优，着力打造“人口文化”工程。百步亭社区建起了全省首座占地 1 万平方米的生育文化园。“托起新的生命”、“明天更美好”等主题雕塑和宣传牌，突出了人类自然协调、可持续发展的理念。生育文化园建在社区中心区域，将人口计生知识巧妙融入到居民娱乐和日常生活中，使生育文明和可持续发展观念更加深入人心。社区十几年来坚持举办“万家宴”活动，区内几万居民每家拿出一道菜齐聚一堂过小年，很多家庭独创宣传计划生育的美味佳肴，如“鸳鸯悄悄议国策”、“兔年不忘计划生育”等，巧妙地将生育文化融入饮食文化。社区常年开展温馨大讲堂，

2011年百步亭社区万家宴上居民呈现的一道以计划生育为主题的菜肴。

对社区的准妈妈、准爸爸进行免费全程系统培训和咨询，宣传优恋、优婚、优孕、优生、优育、优教知识。社区成立了文明宣传队，居民自发参与的腰鼓队、太极拳队、时装队等百余支的队伍经常举办“走向生育文明、共创幸福家园”文艺汇演等群众文体活动，把婚育新风传递到千家万户。社区还利用计生活动日，举办“宝宝形象大赛”、“亲子训练营”、“宝宝秀”、“宝宝运动会”、孕妇“奥孕会”等“精彩活动日”联谊活动，使计划生育、优生优育意识深入人心。

围绕创新计生载体创先争优，百步亭社区还着力推进“家庭幸福”工程。坚持“亲情管理、用心服务、从小事做起、从好事做起”的宗旨，让新型的家庭人口文化深入人心。在社区每个楼栋门口设置计生便民服务箱，开通“楼栋绿色通道”，方便群众随时随手领取避孕药具和宣传手册。中心户长、门栋长、党小组长组成的流动宣传服务队坚持“五送到家”，即送计生服务指南和联系电话到家、送计生政策到家、送宣传资料到家、送免费避孕药具到家、送生殖健康保健到家。为了关心关爱流动人口，社区每逢节假日开展活动，为进城务工人员及流动育龄妇女提供人口和计划生育政策法规宣传、生殖健康咨询服务并免费发放计生用品、宣传单及慰问品，解决务工人员子女入学，每年免费体检，春节集中组织车辆返乡，努力为“新居民”营造温馨家园。同时，社区成立了由居民联合投资兴办的早教中心，多项一流硬件设施设备及雄厚的师资团队为社区婴幼儿家庭提供多样化的服务。百步亭集团为社区配套建设了卫生服务中心，每年为全社区育龄妇女免费体检，实行“家庭医生联系卡”制度，做到“生殖健康进家庭，真情服务惠万家”。

围绕建立计生长效机制创先争优，百步亭社区着力打造“居民自治”工程，首创了中国全新的“建设、管理、服务”三位一体的管理体制，探索了“党的

国家人口计生委主任李斌（左1）视察百步亭社区时和孩子们亲切合影。

领导、政府服务、居民自治、市场运作”的运作机制，建立了计划生育居民自治的新模式，社区工作者人人都做人口计生工作者，懂政策、善工作。社区形成了“社区计生协—居委会计生协分会—片区中心户长—楼栋中心户长—会员—居民”的工作网络。对事关居民切身利益的计划生育大事，社区制订了《业主公约》等144项规章制度，保证居民参与民主管理、民主议事、民主决策。10多年来，社区解决各种矛盾问题12万多件，没有发生一起居民越级上访等突发群体性事件，实现了社区的稳定和谐。社区有两万多名计划生育志愿者，他们走千家门，解万户难，暖众人心，在社区营造了人人关心计生的良好氛围。

【评语】

百步亭社区的实践，是创先争优活动在城市基层的生动体现。在开展创先争优活动中，紧紧抓住建立“党的领导、企业资助、居民自治、群众参与”的人口计生工作新机制，把加强社区建设与开展爱心惠民活动相结合，推动人口计生工作创新和突破，实现城市社区人口计生工作持续健康向前发展。

坚持基本国策 统筹人口发展

荆州每年召开高规格的人口计生工作结账签状会议。

湖北省荆州市人口计生委坚持以科学发展观为指导，进一步贯彻落实中央、省委《决定》精神，以人为本，依法行政，通过开展创先争优活动，促进了人口计生工作稳健良好发展。

切实加强计划生育宣传教育工作，大力推进生育文明创建。一是多种形式加大宣传教育力度，开展大型宣传活动77场次，竖立大型国策门、宣传展牌523个，建设生育文化大院2 645个；二是全面开展生育文明创建活动，坚持将生育文明创建纳入社会主义新农村建设的总体规划；三是积极引导群众树立婚育新风尚，积极开展“五星级生育文明示范户”等评选表彰活动。

依法查处违法生育行为，扎实开展生育秩序整顿。一是大力查处“两非”案件，特别是在监利县吊销5名医生执业资格的情况，引起国家卫生部高度重视，派调研组赴监利县调查后给予了充分的肯定和支持；二是严肃处理政策外生育行为，对违法生育对象给予党纪、政纪处分；三是加强治理出生人口性别比偏高的过程管理，切实把好B超、手术终止妊娠关口，把好终止妊娠药品管理关口。

全面开展计划生育优质服务，不断提高群众生殖健康水平。一是狠抓服务阵地建设，中央新增投资的22家服务站、省投资的8家服务站的改扩建完工率均达到100%。全市87家县、乡服务站形象化、规范化建设达标率为90.8%；二是实施计划生育生殖健康促进计划，积极引导育龄群众选择以长效避孕措施为主的避孕方法，大力倡导免费婚前医学检查，全面开展出生缺陷一级预防工作；三是深入开展优质服务先进单位创建活动，全市 8 个县、市、区中有 5 个成功争创全国优质服务先进县、市、区，荆州市和 7 个县、市、区计生服务站被评为省级优质服务站。

探索创新流动人口服务管理模式，加强流动人口计划生育服务管理。探索出“五四三二一”的服务管理模式。“五”是“五制”管理：对外来人口实行“房东责任制”、对外出人口和空挂户口的人员实行“挂靠人担保责任制”、对本地区下岗职工实行“三位一体管理责任制”、对在集贸市场集中经商的外来人口实行“联摊中心户管理责任制”、对入住商品房小区的重点对象实行“婚育合同管理责任制”。“四”是“四方合同”管理：在企业用工方面推行辖区街办、企业管理部门、用工企业单位和社区签订四方合同管理。“三”是为流动人口提供“三生”服务（即生产、生活和生育）。“二”是建立流动人口计划生育两地联系区域协作制度。“一”是实现流动人口计划生育“一盘棋”管理的目标。

积极开展各项优惠奖扶活动，确保计划生育家庭得实惠。一是认真落实国家和省各项奖励政策。全市近 40 000 人落实享受企业退休职工计生奖励金，近 15 000 余人享受农村奖扶政策和特扶政策；二是广泛开展生育关怀行动，对计生特困家庭救助金到位；三是积极开展“关爱女孩”行动。全市共有近 30 000 名女孩享受中考加分政策，7 784 名农村独生女享受加分政策，因加分被各类高校录取人数达到 2 411 人。

严格人口计生目标责任制，认真落实计划生育“一票否决”。每年年初，市委、市政府对上年度全市人口计生工作情况进行通报，在干部提拔、评先表模、公务员招考等过程中，严格把好审查关，维护了人口计生政策的严肃性，推进了人口计生事业健康发展。自全市严格人口计生目标责任考核 5 年来，荆州市连年在“党政领导线”、“人口计生部门线”双线获奖，成为湖北省唯一一家连续双线获奖的单位。

【评语】

把创先争优活动寓于人口计生日常工作之中，将宣传教育、综合治理、优质服务、流动人口、奖励扶助、严格考核作为创先争优的有效载体，于平常的工作中发扬创先争优的精神，能够推动人口计生工作不断跃上更高、更新的台阶。

湖南省

她把彩霞映红天

也许有人说“模范人物只存在于黑白银幕的革命片中”；也许有人说“先进人物仅仅停留在党刊报纸上”。然而，在30年来艰苦创业的人口计生系统，先进人物并没有远走，她们就忙碌在我们的身边，就奋战在人口计生战线上。在湖南省益阳市资阳区迎风桥镇，就有这样一位同志，她用三十多年来的国策生涯，揭示了怎样做人，如何服务的真谛，用真情谱写了一曲为党的基本国策奋进的凯歌，她就是迎风桥镇计划生育服务所所长、副主任医师李彩霞。

医生是一个与爱相连的称谓，是一个让人向往的职业。然而1992年3月份，当时的李彩霞医生却服从组织安排，毫不犹豫地选择了到资阳区迎风桥镇计划生育服务所工作，成为了一名计生干部。从此，她与“天下第一难事”的计划生育工作结下了不解之缘。30多年来，她一直默默地践行着自己的人生追求，把育龄群众的冷暖疾苦挂在心头，把计划生育基本国策挂在心头。

孔子说过：学之者不如好之者，好之者不如乐之者。李彩霞是一个“乐之者”。计划生育手术涉及妇科、产科、内科、外科、儿科、麻醉甚至心理学等十多个专业学科。结扎、上环、取环……每个环节都关系到受术姐妹本人及家庭的幸福，都关系到基本国策在基层的贯彻落实。为了不辜负组织和人民的期望，她开始了“十年寒窗苦读”。1985年，27岁的她，已是晚育的年龄，不顾家人的反对，毅然决然推迟生育时间，到原益阳县卫校离岗脱产学习 3 年，又先后十多次到益阳市中心医院、益阳市人民医院等大医院进修学习。在此期间，她总共收集整理计划生育技术学习笔记近 200 万字。功夫不负用心人，经过多年的艰苦努力，她不仅熟练掌握了计划生育常规手术技术，而且在妇产科诊疗、查治妇科疾病等方面有了较高造诣，成为了人口计生技术人员中的行家里手。她所在的单位迎风桥镇计划生育服务所仅有两名技术员，计生手术基本上由她一个人承担，工作量很大，基本上只能靠快节奏、靠加班加点来完成。几十年来，她共施行计划生育 4 种手术数万例，接生、查治妇科疾病近 8 万人次，无一起事故，无一例差错。

李彩霞一心扑在工作上，精力完全融进了这个事业。基层计生工作是比“天下第一难”更难的工作，几千年来的传统婚育观念根深蒂固，对多子多福的追求是人民群众的习惯。如何有效改变基层落后的婚育观念一直萦绕在李彩霞心头。为此，她经常下村入户与群众及育龄妇女谈心交流，想方设法为人民群众解疑释惑，经常为群众送医送药，解除她们的疾苦，用自己富于人性的关爱和优质服务，在潜移默化中改变群众的婚育观念，渐渐地群众都把她当成知心人、贴心人。20 世纪 90 年代初期，农村育龄妇女很多患有不同程度的妇科病。李彩霞提出了对育龄妇女定期进行普查的建议并得到采纳，在实施过程中，她又把妇科疾病的普查与节育措施的普查结合起来，不仅治好了育龄妇女肉体上的疾病，还治好了她们思想上的毛病。

她就是这样的朴实无华，朴实得就像山野中的一片火红的枫叶。只踏踏实实做事，认认真真做人，从不求闻达，不问名利。然而党和人民这些年来始终没有忘记她，先后给予了她区、市、省和全国计划生育工作先进个人、“三八”红旗手、湖南省人口奖和全区十佳公仆，区、市人大代表、全市诚信公民等荣誉称号。我问李彩霞：“50 多岁的人了，快退休了，该轻松轻松了吧。”李彩霞回答我说：“正因为快退休了，我才要抓紧工作、努力工作呢，时不我待啊！”

【评语】

正是因为有无数个像李彩霞这样的基层普通人口计生工作者，共同组成了人口计生工作群体，正是因为有无数个勇于奉献的国策卫士，共同打造了坚不可摧的国策之基，30 年来我国人口计生工作才能取得如此巨大的成就，我国人口计生事业才能为世界人口发展做出如此巨大的奉献。

当服务先锋 树机关新风

醴陵市人口计生局局长李冬汉(右一)到乡镇计生办指导创先争优工作和“阳光计生”建设工作。

“我们要牢记党的根本宗旨，全心全意为人民服务，围绕群众对优生优育、生殖健康、避孕节育、奖励扶助等需要开展创先争优活动，不断提升群众的幸福指数……”这是湖南省醴陵市人口计生局59名共产党员在创先争优动员大会上的铿锵誓言。自开展创先争优活动以来，醴陵市计生队伍中特别能吃苦、特别能战斗的共产党员因作风优良、工作扎实、服务优质而享誉全市。

市人口计生局党支部号召全体共产党员把创先争优活动与开展“讲党性、重品行、作表率”活动结合起来，比党性、比服务、比奉献，切实改进机关作风，提高机关效能。59名共产党员积极响应号召，工作中奋勇争先，重点开展了“四项活动”：一是“党性教育”活动。结合实施党建“双百”示范工程，采取重温入党誓词、回顾党的成就、学习党史、学习党的方针政策、领导干部讲党课等形式，对党员普遍进行党性教育。二是“岗位奉献”活动。围绕人口计生工作中心任务，从各自岗位特点出发，组织党员开展业务练兵、劳动竞赛、科技创新等活动，努力提升工作水平，在本职岗位上创一流业绩。三是“服务群众”活动。根据自身职能和特点，确定系列活动内容，组织党员开展志愿服务、结对帮扶、走访慰问等活动，深入做好党员联系和服务群众工作，帮助群

醴陵市人口计生局局长李冬汉(右二)带领局班子成员到乡镇就"关爱女孩行动"进行调研,要求人口计生系统将创先争优融入关爱计生家庭之中。

众解决生产、生活中的实际问题。四是“党员示范”活动。通过党员示范窗口、党员先锋岗等形式，促进党员发挥先锋模范作用。“宝剑锋自磨砺出，梅花香自苦寒来。”在共产党员无私奉献、努力拼搏精神的感染下，全体人口计生系统干部职工以高昂的斗志、蓬勃的激情积极投身到工作中，为人口计生事业增光添彩。自2004年以来，醴陵市已经连续7年荣获湖南省人口计生工作优质服务先进单位，2010年还被评为“湖南省综合治理出生人口性别比偏高问题工作先进单位”和“全员人口信息化建设工作先进单位”，囊括了省级人口计生工作全部的综合奖和单项奖。醴陵市人口计生局被评为“株洲市文明建设先进单位”，同时被湖南省人口计生委推荐为“全国人口和计划生育系统先进集体”。

在开展服务群众的工作中，一是宣传教育上门服务。2010年全市共投入350余万元，打造“阳光计生”精品村150个，通过村务公开栏公布当地人口计生工作的详细情况，计生干部进村入户宣传政策，调动全社会力量参与和推动人口计生工作，工作重心下移，依法管理透明。二是节育保健优质服务。市计生技术服务站及9所乡级中心服务所全部完成了国债建设任务；加大孕情监测力度，抓好避孕节育方法知情选择工作，对实行计划生育的育龄妇女免费提供基本项目的计划生育技术服务，免费达到50多万元。三是流动人口便捷服务。落实流动人口计划生育服务管理“一盘棋”工作新机制，开展了网上办理《流动人口婚育证明》和提交流入、流出育龄妇女异地孕检信息，解除了流动人口来回奔波办证、验证的问题。四是来信来访热情服务。热情接待来信来访群众，耐心做好说服解释工作，解决了越级上访的问题。连续10年来未发生群体性事件，未发生影响恶劣的投诉、上访事件。

在创先争优活动中，醴陵市人口计生局全体党员努力让思想更先进、行动更模范，落实领导班子好、党员队伍好、工作机制好、工作业绩好、群众反映好的“五好”要求。结合规范化制度管理、政风行风评议、廉政风险防范、绩效考核、文明执法专项活动等工作措施，对存在的问题认真进行整改。2010年年末，按照德、能、勤、绩、廉及个人整体评价要求，对机关工作人员进行测评。局机关共产党员的模范作用得到了群众和社会各届的高度肯定，全体党员的测评满意度达98.5%。

醴陵市人口计生局局长李冬汉（前排右一）带领30个乡镇、街道计生分管负责人到醴陵市阳东电瓷电器厂现场观摩学习企业计生办试点工作，将创先争优活动实施方案落到实处。

【评语】

庄严誓言，铿锵承诺，彰显了改进工作作风、提升服务水平、加强队伍建设的坚强决心，营造出创先争优、奋发有为的浓厚氛围。通过创先争优活动，让思想更先进、行动更模范，实现领导班子更好、党员队伍更好、工作机制更好、工作业绩更好、群众反映更好的“五好目标”。

情洒深山

我叫张建军，今年 36 岁，中共党员，是湖南省溆浦县善溪乡计生办主任。1996 年，我加入人口计生工作队伍，一直在乡镇计生办工作。在基层做人口计生工作，我们所做的，不仅仅是上环、结扎等计划生育手术，我们是在改变几千年的传统生育文化，改变根深蒂固的封建残余思想，是一项非常艰辛的工作。

善溪是溆浦县最偏远的山区乡，毗邻益阳市的安化、娄底市的新化，可谓是“一脚踏三县”，出门就是山，抬脚就爬坡。那里工作环境很差，是连续几年的“二类乡”。山区条件艰苦，干群关系不好，经费紧张，政府干部和人口计生工作人员生活都非常清苦。万事开头难。刚去那几年，我与同事翻山越岭、走村串户向群众开展宣传，老百姓不理解是常有的事。这几年，我和领导以及同事们，几乎一年四季都泡在村里，广泛宣传，深入沟通，与村干部和群众建立起了深厚的感情。对乡里已婚育龄夫妇施行节育手术的，我都坚持亲自护送，安排人员陪护，碰到困难家庭，总是自己掏钱给予资助。常年走村串户，我了解到山区育龄群众缺乏生殖保健常识，常见的妇科疾病成了“难言之隐”。为解除育龄群众的痛苦，我带着乡计生人员常年背上药品，挑着 B 超、波谱仪等设备，翻山越岭，进村入户，上门服务，送去温暖，送去爱心。

善溪乡地处大山深处,自然条件差，经济发展相对滞后，是一个边远贫困地区。积极帮助群众“少生快富奔小康”是落实计生国策的有效途径，也是我们

抓计生工作的最终目的。多年来，我在乡党委、政府的支持下，将人口计生工作与发展经济紧密结合，引导山区群众走上“少生孩子快致富”的幸福路，取得了一定成效。这些年，全乡掀起了“调结构、抓品改，少生孩、快致富”的热潮，呈现出“一村一品”、“一户一品”的可喜格局。据统计，目前全乡涌现出种植大户、养殖大户、加工大户达100多户，其中计生家庭就占到半数以上，计生家庭的人均收入普遍高于其他农民家庭。

一分耕耘，一分收获。近年来善溪乡人口计生工作连创佳绩，实现了“满堂红”：符合政策生育率稳定在90%以上、统计准确率达95%以上，期内避孕措施落实率达98%，综合治理到位率达100%，流动人口管理到位率达98%，出生性别比稳定在正常值之内，育龄群众的满意率达90%，连续四年跨入了全县“一类乡”行列。

【评语】

人口计生事业的成功，源于广大群众的信赖与支持；而群众的信赖，源于我们对群众的深爱和付出。人口计生工作是以人为本的工作，有了这样的基础，才能体现党员干部与人民群众的血肉联系、鱼水深情，才能在相互信任、相互依赖中携手前行。

广东省

“一元”搭起生命的桥梁

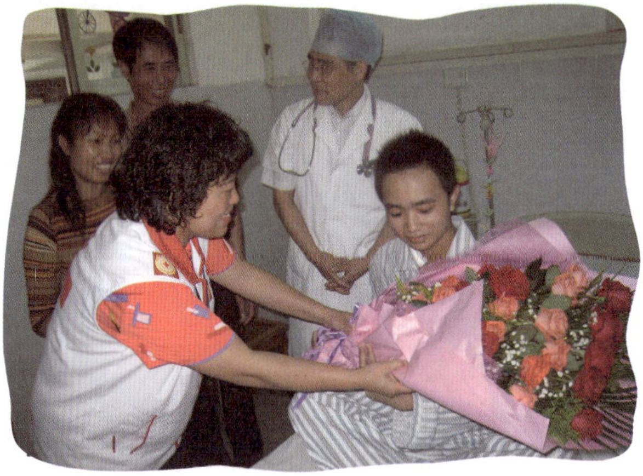

2009 年 5 月 8 日，江门市副市长陈杭探望首例受资助手术的先心病康复儿童。

2010 年 2 月 8 日，广东省江门市开平市长沙街道的李伟超家欢声笑语，迎来了希望的春天。这一天，他那一对 4 岁患有先天性心脏病的双胞胎女儿经过免费的手术治疗，从江门市中心医院康复出院。李伟超的双胞胎女儿是江门市“一元爱心”活动的第 66、67 例受益者。“一元爱心”活动是江门市人口计生局牵头开展的救助困难计划生育家庭先天性心脏病患儿的公益活动品牌，被媒体誉为全国首创。该活动从 2008 年至 2011 年 3 月份，已成功救治了 152 例患儿，为 151 个计划生育家庭带来了温暖和希望。

该活动的理念是“一元不少，爱心无限”，从广大群众能接受也乐于接受的一元钱开始，倡导全市 400 万人民每人每年拿出一元钱，用于救治计划生育贫困家庭先天性心脏病患儿的活动，以“心”救“心”，在全社会营造关爱计划生育家庭的良好氛围。活动之初，市委书记和市长带头捐款，签订了每月捐 100 元的长期捐款协议，其四套班子成员也签订了每月捐 100 元或 50 元的长期捐款协议。这一行动，得到了社会的广泛响应。辖区内的台山市举办“携手人道共建和谐慈善晚会”，筹得善款 30 多万元。开平市组织 30 多名爱心车主组成爱心车队，沿着市区主要街道巡游发动募捐。鹤山市邀请北京残奥会冠军李汉华为

“一元爱心日”做宣传，恩平市组织20多名歌手义演，同时开展义诊、义卖、街头募捐等活动。如今，该市已经发展了10 010人的定期捐款队伍，其中市人口计生局定期捐款人数达到本单位人数的100%。目前，活动已筹得善款737万多元。

江门市红十字会“爱心存折”颁发仪式现场。

活动遵循“政府主导、公益运作、社会捐助、群众受益”的原则。全市各级政府把“一元爱心”活动列入政府目标责任项目并纳入督办，制定救助流程，明确了救助对象的范围、救助资金支付办法及救助金管理办法。在捐款方式上，采用一次性捐款和定期捐款相结合，通过在商场、企业、社区设立捐款箱以及上门收款、手机捐款、银行划款、邮局汇款等方式接受群众自愿捐款，其次，鼓励有条件的市民采用每月定捐的方式捐款。人口计生系统负责统筹安排；红十字会建立了“一元爱心基金会”，向全社会筹集救助资金；两家三甲医院负责手术救治。该项活动实现了资源整合，部门联动，透明高效。

为了把活动不断深入推进，江门市把每年的5月8日定为全市“一元爱心”日，每年的“一元爱心”日都举行隆重的启动仪式，发放“救助倡议书”，并以丰富多样的形式向全市机关企事业单位、80个镇、街道、1310个村（居）进行广泛的宣传。2008年以来，全市各级启动仪式共计100多场次。全市人口计生系统努力在全市各城镇乡村实现“两个全覆盖”，即定期捐款人群和救治先天性心脏病患儿对象覆盖到每个镇、街。市人口计生局还对患儿和术后康复者进行上门探访，组织“爱心家庭”与患儿家庭进行结对帮扶，江门市红十字会还特别制作了“爱心存折”颁发给每个参与定期捐款的单位或个人，彰显他们的爱心善举。

目前，江门市已经基本解决了免费救助儿童先天性心脏病这一社会难题。

江门市老干部为"一元爱心"捐款。

151个被救助家庭和一万多个定期捐款人的口口相传，产生了数十倍、数百倍的示范、带动和辐射效应，越来越多的江门人自觉参与到"爱心传播"活动中来。2010年6月9日，中央电视台的《人口》栏目播出了反映江门市"一元爱心"的专题片《跨越生死的爱》。在江门市，从市领导到小学生，从干部到群众，从城市到乡村，处处都能看到侨乡人们传递"爱心"的身影。

【评语】

"一元不少，爱心无限。""一元爱心"活动不但树立了人口计生服务群众、关注民生的新形象，更是新时期人口计生工作"三个更加注重"的有效尝试，极具针对性，树立了"人文计生、和谐计生"的新形象，营造了关爱计划生育家庭"大爱无边"的良好社会风尚。

坚守计生事业写辉煌

我叫王秀珍，所在的单位是广州市海珠区赤岗街道办事处。已有12个年头了。

我所在辖区共有中央、省市区机团单位、企业和学校55个，102个物业小区，流动人口多，居住的人群结构复杂，人口计生工作难度很大。在我担任人口计生办主任以前，赤岗街的人口计生管理工作还相当滞后。到任后，我意识到抓人口计生的基础工作是关键，因此，我积极调整工作思路，想方设法摆脱落后面貌。为此，我走遍了22个社区居委会和55个机团单位，带领科室的同志开展调研工作，提出了新的工作模式：一方面对22个社区居委会实行分类管理办法，分片包干开展帮扶、督导工作；另一方面狠抓优质服务、例会制度、人口计生干部队伍业务培训和考核。经过多年的不懈努力，街道的人口计生管理工作有了新的飞跃，赤岗街的人口计生管理工作水平逐年提升，目前已走到海珠区的前列。街道连续12年被海珠区人民政府评为人口与计划生育目标管理达标单位，连续6年被广州市人口计生委评为“两无”街道，2002年、2005年分别获广州市人口和计划生育先进单位，2009年度被广州市人口计生委评为计划生育目标管理考核先进街，街道人口计生办公室也被海珠区评为“巾帼文明岗”。

我是在人口计生的“春风化雨”阶段入行的，此时人口计生工作正以行政干预的手段为主向“以人为本”人性化的服务管理的方式转变，实施人口计生优质服务和转变工作方式方法是当务之急。从2001年开始，我就以“知情选

择”优质服务为抓手，全面铺开免费查环查孕查病、新生婴儿、四术随访等计划生育服务系列工作。在区人口计生局和街领导的大力支持下，全面优化和完善社区居委会人口计生服务室的设施设备和服务环境，为育龄人群提供了满意、温馨的人口计生技术服务。我坚持把实现人民群众的根本利益为工作的出发点和归宿，热情服务，真诚为民。平时，我带头深入社区，开展优生优育、生殖健康、困难帮扶等服务工作，热心为辖区居民解决实际问题。积极发动辖区各单位参加幸福工程救助贫困母亲捐款活动，几年来已筹集资金 110 万元，开展慰问独生子女特困家庭活动。坚持原则，秉公执法是我一贯的工作作风。多年来，我认真细致地向群众宣讲国家的人口计生政策，有理有据地说服对象。2003 年在一次说服超生对象落实补救措施的工作中，由于计生对象的不理解，使我的手臂骨裂受伤，但是我还是继续坚持耐心说服工作，一直到处理完毕才到医院进行治疗，由此留下了后遗症，我无怨无悔。情系计划生育家庭的实际行动，为我赢得了辖区单位及群众的好评，人们称我是“育龄群众的贴心人”，还获得了广州市计划生育协会先进工作者、海珠区优秀党员、海珠区先进工作者、海珠区政府嘉奖、海珠区人口与计划生育工作先进个人和海珠区“十佳阳光计生人”等一系列荣誉。

【评语】

是什么力量，使基层人口计生干部对人口计生事业的感情与日俱增、历久弥坚？是党的为人民服务的宗旨指引，是坚持执政为民的信念，是坚持把人民群众的根本利益工作为工作的出发点和落脚点，是创先争优的行业之风磨砺了我们的队伍，磨砺了每一位基层干部。

甘为国策写春秋 立足岗位做奉献

广东省梅州市梅江区西郊街道范昌兴同志与计生对象亲切交谈。

1979 年，范昌兴从部队转业，1981 年被安置到梅州市梅江区西郊街道担任计生专干，在这个“天下第一难的”岗位上一干就是 30 年。30 年来，他凭着满腔的工作热情,刻苦的钻研精神,过硬的业务知识,在群众中树立了威信,在同事中赢得了信任,并得到领导认可和重用,升任为计生办副主任。在街道人口计生工作中,范昌兴以其扎实的工作作风，有力推动街道人口计生事业的向前发展。街道 2009 年、2010 年连续被梅州市评为“计划生育工作先进单位”。2011 年 1 月，广东省副省长雷于蓝率省委、省政府“送温暖”慰问团到梅江区西郊街道座谈时,得知范昌兴的事迹后，对他 30 年如一日在平凡的计生岗位上默默奉献的精神给予了充分的肯定。

20 世纪七八十年代，育龄群众的生殖健康、优生优育、避孕节育知识比较匮乏，再加上传统生育观念的影响，当时推行人口计生工作的阻力与难度非常大，对于一名新手更是一种严峻的考验。但是在困难面前，他从不畏惧退缩。刚入行时，他时刻以“做哪行钻哪行”严格要求自己，潜心学习人口计生政策法规和业务知识，不断在工作实践中总结提高，迅速成长为一名计生行家里手。面对当时艰苦的计划生育工作，他选择了工作，放弃了休息；选择了艰苦，放弃了舒适；选择了冷清，放弃了热闹，以对党的事业的忠诚和对计生工作的执著追求，以及“腿勤、眼勤、耳勤、嘴勤、手勤、脑勤”六勤工作方式，诠释了一名优秀计生专干的精神内涵。他逐步解决了困扰挂点村计生工作的一道道难题，在数不清的磨炼和考验中，他积累丰富的工作经验。在他不懈努力下，他挂点的西郊村发生翻天覆地的变化，由全街道的后进村一跃成为计划生育工作先进村，并受到上级通报表扬。

30 多年来，范昌兴把一腔热情和全部心血倾注在计生事业上，他无私奉献、倾心计划生育的故事太多了。作为一位普通的计生老专干，在平凡的人口计生工作岗位上，却干出了不平凡的业绩，虽然即将要退休了，但他仍然对党的人口计生事业满怀激情、痴心不改。他不仅自己痴心人口计生工作，还动员刚毕业的女儿放弃好单位，到街道计生办也干起了这一平凡的职业，同时父女携手约定：只要是计划生育的事，不论巨细，都要尽力去管；只要是有益于计划生育的事，不论大小，都要乐意去做。在平凡岗位默默奉献数十载，把自己最美好的青春年华都贡献给“天下第一难”的工作事业，数十载酸甜苦乐，平凡中见伟大，充分体现一线基层干部甘洒青春为计生的感人事迹。

【评语】

范昌兴以对党的事业无限忠诚和对人口计生工作的执著追求,用“腿勤、眼勤、耳勤、嘴勤、手勤、脑勤”六勤工作方式，体现了一名优秀计生专干的本质特色。数十载酸甜苦辣，平凡中见伟大，充分显示出基层干部默默奉献、创先争优的崇高精神境界。

广西壮族自治区

诚信计生书写创先争优闪光篇章

2009年8月26日，国家人口计生委党组书记、主任李斌在广西桂林市调研人口计生工作时，对该市在部分乡村推行的"诚信计生"所取得的效果和成绩给予了高度评价："诚信计生体现了群众自我管理、自我约束，这是一个基层民主的好形式，这项改革要向全国推广。"并欣然提笔写下"诚信计生好"五个字。2010年5月，国家人口计生委下发的《关于全面推进诚信计生工作的通知》指出：诚信计生工作是新时期转变人口计生工作思路和机制，突破工作难点的有效途径；是实现群众自我管理、自我服务、自我教育和自我监督，发展基层民主的重要载体，有利于夯实群众基础，改善政风民风，促进社会和谐。

桂林市人口计生委党组创造性地开展诚信计生工作，走出了一条村民自治的阳光之路，为社会主义新农村建设营造了良好的人口环境，为新时期人口计生事业的科学发展探索出宝贵的经验。诚信计生只是该市创先争优的一个亮点，在连续4年开展创先争优活动的基础上，2010年桂林市人口计生委党组根据中央和自治区党委、市委部署，进一步深入开展创先争优活动，有力地推动了机关党的建设和各项业务工作的全面发展，打造出一流的人口计生队伍。

桂林市人口计生委党组切实抓好机关党建工作，在机关开办了“创先争优体会交流栏”、“创先争优之星光荣榜”，在服务窗口和办公桌上摆放“共产党员先锋岗”桌签，在党员干部职工中开展“五比五看”活动：比心得体会，看谁学的理论、业务知识多；比调研文章，看谁理论联系实际解决人口计生问题的办法、点子多；比新闻报道，材料撰写，看谁宣传计生工作、总结经验多；比信息技术应用，看谁信息化服务管理能力强；比工作效果，看谁工作成绩明显、创新多。通过“学知识、比工作、赛精神、创业绩”系列活动，不断促使党员干部职工积极进取。同时大力营造创先争优的良好氛围，做到“一个支部一个堡垒、一块牌子一份责任、一名党员一面旗帜”。2009 年 6 月，桂林市人口计生委机关党委被评为广西壮族自治区先进基层党组织。

创先争优创出了一流的业绩。2009 年桂林市被国家人口计生委评为首批全国人口计生工作综合改革示范市，是广西唯一获此荣誉的城市；2010 年 1 月份获得全国人口和计划生育工作综合改革示范市；2010 年 12 月市计划生育协会被评为全国计生协先进单位；桂林市连续多年获得自治区党委、自治区人民政府人口计生工作目标管理一等奖，连续获得特别先进单位奖；近年来又连续 4 次获得自治区党委、自治区人民政府颁发的特别先进奖、创新奖，人口计生工作在广西保持名列前茅。

【评语】

桂林市在创先争优活动中，创造性地开展诚信计生，体现出了党组织的战斗堡垒作用，体现出了创先争优活动的强大推动力。转变了人口计生工作思路，成为突破工作难点的有效途径，群众自我管理、自我服务、自我教育和自我监督，是发展基层民主的重要载体，有利于改善政风民风，促进社会和谐。

她是育龄群众生殖健康的守护神

广西北海市人口计生服务中心副主任孙青，20多年来进山村、下海岛，从小医生干到了副主任医师，靠的是刻苦学习，医术精湛，人们称赞她是“育龄群众生殖健康的守护神!”

孙青从卫校毕业来到乡镇做了一名计划生育技术人员，开始也只想有份工作、领份工资，就心满意足了。20世纪90年代初，是广西大力推行计划生育的重要时期。服务所里的几名老医生忙得团团转，可她却插不上手。育龄群众听说她是新来的，都不想让她做手术。这次经历彻底改变了她认为乡所工作简单的想法。从此，她边工作、边学习，认真细致地做好服务工作，在实践中摸索，提高自己的技术水平，渐渐赢得了育龄妇女的信任。不久，她被调到了县服务站。这里的工作量大，要求更高。为了适应工作需要，她用6年的时间完成了同济医学院本科函授学习。2000年以来，她参与了市、省级“已婚育龄妇女生殖道感染状况”项目调查跟踪随访和“快速无痛微泵早早孕终止术”以及“不同宫腔大小放置吉妮IUD临床效果观察”科研课题，并取得了可喜成果。

孙青到岛上给育龄群众送避孕药品。

作为服务站妇产科负责人，除了要完成计划生育“四术”外，还要承担妇产科一些大手术及疑难杂症的诊治。无论多累多苦，她从无半句怨言，以实际行动展示了一名共产党员、计生技术服务工作者的大爱。育龄群众盛赞她技术精湛，是个育龄妇女信得过的好医生。20 多年来，她视计生事业为生命，把育龄群众当亲人，下乡下海，进村上船，为村民和渔民服务，为育龄群众宣传生殖健康知识、孕检康检、送避孕药具和术后回访……她坚持每年两次跨海到离北海市区有 36 海里的涠洲岛，为育龄妇女做计划生育手术和开展妇科病普查普治。只要她一上岛，大家就奔走相告。有一次，她刚上岛，家里来电说小孩病了，要她马上回去，当时有一名产妇难产要实施剖宫产手术，她没有回家，而是把产妇从危险边缘抢救过来。第二天又刮起了台风，住在群众家，进行做生殖健康项目和地中海贫血生育现状调查。在她献身计生的 20 多年里，孙青先后被评为“合浦县计划生育先进工作者”，当选为北海市妇女代表并出席广西壮族自治区妇女第十次代表大会，被评为全国人口和计划生育科技先进个人，北海市先进工作者。

【评语】

舍小家、顾大家，不计得失，不图回报，爱岗敬业，任劳任怨，急人所急、忧人所忧，上海岛、下农村，足迹遍布全市各个角落，在平凡的工作岗位上充分展现共产党员的品质和人口计生工作者的风采，所有细节铸成一个高大的形象——育龄群众生殖健康的守护神。

创先争优重承诺 诚信计生结硕果

福绵村党员承诺书。

广西玉林市福绵管理区福绵镇福绵村党支部在组织开展创先争优活动中，结合开展诚信计生创先争优，党员带头办实事、做好事，为的是让群众更满意。

要让群众信得过，还靠党员先带头。2010年3月份，村党总支部带领全村党员群众开展以“自主履行计划生育义务、自主加入互帮互助小组、自主选定避孕节育措施、自主选择技术服务人员、自主选择宣传教育方式、自主参加诚信计生活动”的“六自主”活动。每一个党员都把自己2~3项的郑重承诺公布在村党总支“先锋承诺大行动”的公开栏上。女党员谢华，原来生育了一个女孩，她父母一直想让她再生一个孩子。“先锋承诺大行动”活动开始后，她第一个带头承诺“落实计生政策，只生一个孩子，争做诚信计生户，为群众义务宣传优生优育健康知识”，并做通了父母的思想工作，带头领取了《独生子女父母光荣证》。她的行动在村民中产生了积极的影响。半年后，全村有405户加入了诚信计生互助组，参与率达80%。有一件事，群众不满意。他们说：“政府承诺定期给我们在村里做健康检查，怎么没有检查队来人啊！”这事反映到村委会，党支部“一班人”立即连夜开会，第二天请来区计生卫生服务队为全村已婚育龄妇女开展免费妇科病、乳腺病等检查，当天参检率达78%。对计生受术对象，实行“三免两专”服务（免费医学检查、免费手术、免费术后治疗，专人陪同服务，专车接送服务）。群众反映，村党总支今年搞诚信计生确实与过去不一样，让人满意的事情也越来越多了。2010 年，全村 1157 名已婚育龄妇女自觉落实避孕节育措施，占已婚育龄妇女总数的 86%。

承诺帮扶为致富，诚信计生结硕果。在创建活动中，村党总支对计生协会会员和诚信计生户作出帮扶承诺，优先安排协会会员和诚信计生户就业，并保证月工资在 800 元以上；为他们创业担保贷款不少于 3 万元，在技术上实行传、帮、带，优先提供信息；企业实行带薪产假婚假制度。这几年，村党支书肖运飞，在创先争优活动中，率先兑现承诺，联系信贷部门开展小额信贷，为全村 10 户诚信计生户获得信贷资金 30 万元，有效解决部分农户资金紧缺的问题。村委主任黎远强，主动与诚信计生户进行结对帮扶。在村党总支的带领下，当年全村有 38 家服装企业做出了联合承诺，优先安排了帮扶对象 116 人就业，担保资金 110 万元；帮扶自主创业 16 户，6 名员工享受带薪产假婚假待遇。该村党总支开展创先争优、诚信计生，兑现承诺，结对帮扶，提高了群众实行计划生育的自觉性，促进了富民强村。2010 年，该村实现了无政策外多孩生育，符合政策生育率由 2009 年的 88.57%提高到 93.07%，农村独生子女户由 2009 年的 20 户增加到 33 户。福绵村不仅成为福绵区计划生育工作的排头兵，经济发展也令人羡慕。目前，全村服装企业已发展到 252 家，其中计生协会员就有 136 家，2010 年全村实现服装产业总产值 16 亿元，村集体经济收入 36 万元，村民人均现金收入 6 000 元，村民的生活越来越好。全村已有小汽车 470 多辆，奔驰、宝马、奥迪等高档小汽车进入了普通村民家。2010 年，该村已连续四年获福绵镇“三个文明建设特等奖”，广西壮族自治区“文明村”和全国人口和计划生育基层群众自治“示范村居”称号。

【评语】

村党总支和党员在开展创先争优活动中，积极面对群众需求，敢当时代先锋，合力帮扶诚信计生户共同致富，促进了村级经济大发展，人口计生见成效，精神文明上台阶，起到了典型示范作用，充分彰显了争先创优对农村基层工作的推进作用。

海南省

创先争优 推动人口计生工作上水平

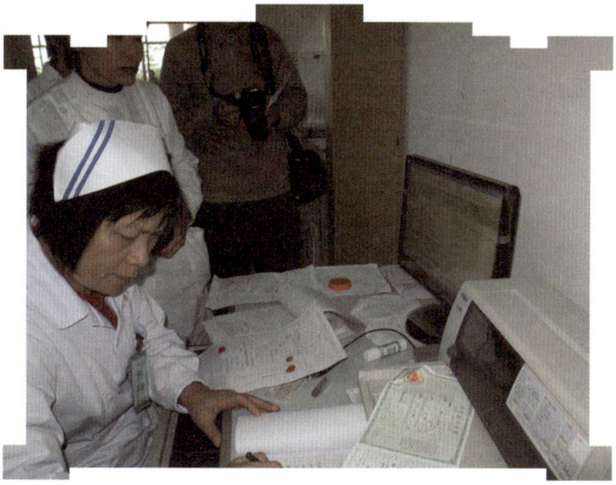

海南省澄迈县人口计生委坚持改革创新，坚持落实科学发展观，以开展“创先争优”活动为契机，紧紧围绕“创先争优”活动的目标要求，明确开展活动的重点任务，将创建先进党组织和开展业务工作结合起来，将争创先进党员与改进工作作风、提高工作效率结合起来，将服务承诺和创先争优活动结合起来，把创先争优活动落实到工作中来，增强了创先争优活动的实效性。

开展创先争优活动以来，澄迈县充分发挥出生实名登记制度在便民高效上的重要作用。出生实名登记制度是做好人口和计划生育工作，统筹解决人口问题，提高出生人口统计质量，实现人口与经济、社会、资源、环境的协调发展，实现科学发展观而做的一项基础工作。为使这项制度落到实处，澄迈县通过三项措施加以保障：一是提高认识，加强领导。要求相关职能部门要充分认识出生实名登记制度的重要性，部门配合，齐抓共管；二是出台相关制度保驾护航。先后出台了《关于切实加强出生登记管理工作意见的通知》、《澄迈县出生实名登记管理工作制度》等相关文件；三是明确相关部门的主要职责。明确了人口计生、卫生、公安以及财政等部门的工作职责。要求卫生部门严格按规定做好住院分娩实名登记工作，按录入出生人口信息工作流程进行录入。公安部门把好出生婴儿入户关，凭《出生医学证明》办理婴儿入户。人口计生部门做好组织、协调、检查、监督和评估工作。财政部门对各工作人员及相关设施需求给予了大力的支持。卫生和人口计生部门还共同建立了住院分娩实名登记信息定期通报制度和工作联络制度。医疗、保健等助产单位，每月 5 日前须向县卫生局和人口计生委报送上月住院分娩《出生登记表》。人口计生部门对住院出生登记的人数进行分解核对，对查无此人、无法判断或信息记载不清的，及时与卫生部门或助产单位联系，把问题弄清楚。各部门相互之间的配合和联动有力地推进了此项工作有条不紊地进行。同时，出台了相关的利益导向政策，如把住院分娩纳入全县新农合医疗范畴，鼓励孕妇住院分娩，并且建立了免费产前检查制度等。此外，该县还为各助产单位配备了计算机、身份证读写器、打印机、上网等设备，全面推进了此项工作的开展。

该项工作自 2008 年全面实施至今，取得了一定的成绩。全县出生婴儿录入率达 100%，人口计生信息系统对出生人口统计信息采用率已达 94%以上，大大提高了出生人口统计质量，挤干了统计水分，为政府决策提供真实的基数。从 2008 年起，全县出生人口性别比呈逐年下降的趋势。由于这项试点工作取得了明显的效果，海南省人口计生委已在全省推广此项制度。

【评语】

创新是事业不断发展的原动力。创先争优，极大地调动了广大党员干部争做先进的积极性，激发了他们的创造力和执行力，引导和激励广大党员更好地为人民服务；创先争优，使党建工作更加贴近群众的愿望和期待，全局意识更加牢固，党的全心全意为人民服务的宗旨更加发扬光大。

青春无悔计生路 辛勤付出谱乐章

自1991年走上计生工作岗位以来，谢淑洪一心扑在工作上，用自己的青春和奉献，谱写了一曲人口计生工作者不平凡的乐章。她先后被评为“琼海市优秀共产党员”、“海南省人口与计划生育信息化建设先进个人”和“海南省人口和计划生育系统先进个人”。

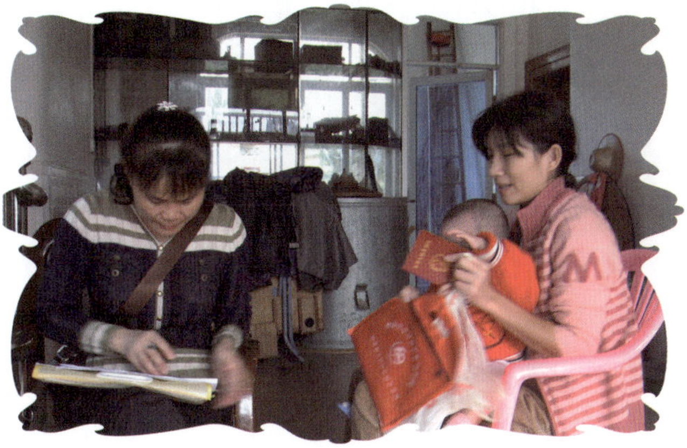

谢淑洪到育龄妇女家庭核实人口信息。

1991年，谢淑洪毕业后被分配到琼海市人口计生部门工作。作为琼海市人口计生委的一名业务骨干，她不仅要自己熟练掌握人口计生统计操作知识，还要指导基层的计生专干学会操作和使用。这些困难难不倒谢淑洪，多年来，她在紧张的工作之余，积极参加上级举办的人口计生知识业务培训，并利用业余时间反复学习了《人口与计划生育法》等法律法规以及人口统计知识。如饥似渴地学习，孜孜不倦地追求，她的视野不断扩展，知识面不断拓宽，思想观念不断更新，工作能力不断提高。正是有这样一股钻劲和闯劲，她在工作中总有一些新点子。在2001年实行育龄妇女信息化管理后，她提出建立基层信息员队伍的建议得到市人口计生委领导的采纳，并及时为全市204个村（居）委会配备了209名信息员。

由于人手少，琼海市人口计生统计大量的工作都落在她的肩上，而每一项工作都要牵涉很多的精力。她经常加班加点，甚至双休日和节假日都不休息，总是在第一时间把日报进度弄出来供领导参考。在2009年全国统计监测调查、

谢淑洪深入基层指导人口计生信息化工作。

“十一五”中期评估、2000～2009年基础信息核查等重大工作中，作为带头人，她敢于攻坚克难，深入基层搜集第一手资料，并及时进行汇总统计分析，圆满地完成了工作任务。单位领导鉴于她经常加班加点和在重大工作中的出色表现，要给予她一定的额外补贴，她总是婉言谢绝，并说：“我是一名共产党员，只要工作需要，我就要把工作做好。”

她不仅有着一颗善良的心，同时也一身正气。多年来，她严格要求自己，坚决遵守执行中纪委关于廉洁自律的规定，严格按照《海南省人口与计划生育条例》规定，把好人口计生统计质量关。因为报表数据关系到人口计生工作目标的完成，关系到年终评奖，有些人就利用她的亲戚、朋友、同事、上级关系找她说情，这些都被她婉言拒绝。由于她坚持原则，不徇私情，有些同事不理解，见面都不打招呼了，她心里虽然不好受，但毫不后悔，她觉得只要为党的事业坚持原则，以后会得到大家的理解和支持的。

谢淑洪为了人口计生工作，一腔热血、一身正气、一心务实，把道义担肩上、责任放心间、信心装胸中，义无反顾地辛勤耕耘，以自己的实际行动塑造了计生人的良好形象。

【评语】

像谢淑洪这样执著计生路、辛勤创事业的基层干部绝不是个别典型，她所走过的光辉计生路是全国各地广大基层计生工作者的人生缩影。同样，像谢淑洪这样的事迹也不是一个偶然案例，它折射出了全国各地计生人在献身人口计生事业中勇于争先、不断创优的时代潮流。

流动人口的“三好大姐”

我叫朱明英，是海南省海口市秀英区海秀镇的一名普通计生协管员。我工作的地方是海口市城乡结合部，有许多外来人口长年在这里租地种菜，也常有建筑队在这里搭建简易棚居住，白天到城里工作，晚上回来休息。流动人口拖家带口、背景离乡谋生计，当他们来到海秀镇时，第一个认识的“本地人”大都会是我。作为海秀镇的计生协管员，我负责海秀镇业里、周仁、儒益、永庄4个村4 392名流动人口的计划生育服务管理。一旦有外来人口入住我的“服务区”，我会在3天内登门拜访。我会将本地的交通、学校、菜市场、杂货店等日常生活信息告知外来人员，帮助他们尽快融入当地生活。我的工作方式是把工作隐藏在帮忙之中，每周至少要把服务区中的流动人口家庭走一遍，见什么帮什么：年轻夫妇孩子照看不过来，帮着他们带孩子，教他们做些经济可口的饭菜增加孩子的营养；老年人生活不方便，帮他们洗洗涮涮；开学了，帮助学龄孩子办入学（转学）手续等。我对各家各户的情况都了如指掌，对需要配合做工作的对象，我会说，“帮个忙，配合我的工作一下”，大多数会乐意。

住在儒益村三区的李祝菊，刚来时没办《流动人口婚育证明》。《流动人口计划生育工作条例》规定流动人口在到达现居住地后30天内要向当地计生办交验《婚育证明》。我早就知道了该夫妻没办证，所以在大半个月内我常到祝菊家帮这帮那，和他们相处得很融洽的时候，我才不动声色地提起了办证的事情，并告诉他们办证是免费的，让他们帮忙配合我的工作，在限期补办的30天内让他们远在广西的家人帮忙办理后寄过来。夫妻俩一口答应，很快补办了《婚育证明》。

2010 年，全国各地都在开展为“农村计划生育家庭送全家福”活动，我也忙着给服务区内的计生家庭拍全家福。我积极争取镇里、区里的支持，派一名专业摄影人员在孩子们放学、家长休息在家的时间到村里，让外来人口足不出户就能拍摄全家福。有些老人一辈子没拍过照片，如今跟着儿孙一起照相，又是新鲜又是感动，连说现在的政策、服务就是好。一个月后，100 多幅全家福一幅幅送到流动人口家中，流动人口计生家庭在海南这片他们播洒汗水的地方留下了他们甜美的笑容和回忆，照片中扛锄头的、拥抱的、开怀大笑的、羞涩的种种景象给每个家庭留下了美好的回忆。

2008 年，国家人口计生委开通了流动人口网上信息交换平台，流动人口户籍地与现居住地实现了网上工作沟通和交流，为流动人口服务管理提供了极大的便利。为了适应形势发展，我这个从未摸过电脑的 40 多岁中年妇女开始一个字母一个字母地学着敲键盘，一天只能记一个字母的位置，26 个字母就花了 26 天。我还一个字一个字的拆分学“五笔”打字，“五笔”不懂就用拼音打……就这样，“功夫不负有心人”，现在我对电脑用起来得心应手，利用 PADIS 系统更好地对流动人口进行管理、服务。现在服务区内外来人口的建档率已达到 99%以上，“婚育证明”持证、验证率达到 95%以上，节育措施及时率 100%。

服务区中的人们觉得我是一位“存好心、说好话、做好事”的好人，都亲切地称我为“三好大姐”。

【评语】

“将工作隐藏在帮忙之中。”这是基层计生干部对“把管理寓于服务之中”的最好解读和实践。有这样一批牢记宗旨、执政为民的基层干部，使中国 30 年来少生 4 亿人口，世界 60 亿人口日的到来推迟 4 年，中国经济腾飞获得良好的人口环境……这一切伟大成就的取得，当在情理之中。

重庆市

打造药具服务金品牌 勇当创先争优排头兵

计划生育药具服务车发放仪式。

“提升避孕药具管理服务水平，推动计划生育甜蜜事业发展”、“树立干部队伍良好形象，打造药具服务民生品牌”……一幅幅精美的标语悬挂在重庆市人口计生药具管理服务站最显眼的位置，这是药具站锲而不舍努力践行科学发展观的承诺。在创先争优活动中，全站把这些承诺一一变成现实，打造了药具管理优质服务金品牌，成为全市人口计生系统创先争优排头兵。

“一讲二评三公示”是创先争优活动的关键环节。为使“创先”落实到每个科室，“争优”落实到每位职工，站党组织以“一讲二评三公示”为抓手，建立健全“五抓五确保”机制，让党性在每个岗位闪光。抓拓展延伸，党员、干部、职工和临聘人员全员参与创先争优，确保活动全面覆盖；抓设岗定责，明确每个岗位的职责任务和履职要求，确保工作任务到人；抓承诺细化，严把职工每月公开承诺事项的质量关、时限关和内容关，确保承诺具体实在；抓讲述点评，对职工每月履行岗位职责情况，进行点评及时整改；抓公示监督，对每月创先争优活动的评议结果进行公示接受群众监督，确保先进典型带动。“五抓五确保”机制的推行，使全站职工争创有目标、前进有动力、干事有热情，形成“千斤重担众人挑、人人身上有指标”、“人人有任务、事事争先做”的局面。

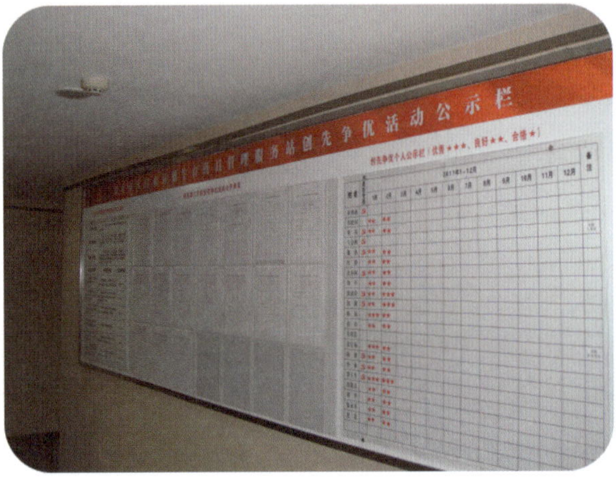

创先争优活动“一讲二评三公示”栏。

“打造亮剑团队，努力建设一支高素质的药具干部队伍”，是党组织提出的药具队伍创先争优目标。将“学习、团结、拼搏、创新”作为机关的“亮剑”精神，积极打造学习型、服务型、创新型、务实型机关。创新开展“四比四看”活动，在比学习中，开展“日读一小时、月读一本书”、“畅谈学习心得”、“责任与创新”等读书活动，看干部职工能力素质有没有明显提升；在比工作中，开展“进药具部门为了什么、到药具部门干了什么、在药具部门和人家比什么”的大讨论活动、“月月工作回头看”活动，看目标任务有没有突破；在比奉献中，开展“履职尽责全身心、服务基层用真心、服务群众心贴心”的“三心”主题教育活动，“三进三同”、“结穷亲”、“大下访”实践锻炼活动，看服务对象是不是满意；在比效能中，建立健全首问负责制、限时办结制、责任追究制、绩效考评制等效能制度，看工作业绩是不是突出。创新开展“八讲八促”活动，全站职工在每月的讲述评议中，讲读书学习，促养成爱读书、读好书的良好习惯；讲团结协作，促和谐机关建设；讲工作态度，促增强责任感和使命感；讲工作作风，促工作认真细致严谨；讲工作纪律，促各项规章制度有效执行；讲工作效率，促工作任务全面完成；讲存在的问题，促及时发现和全面整改；讲意见建议，促工作质量整体提升。

“积极探索构建具有重庆特色和全国影响的药具管理服务新机制，努力实现‘西部领先、全国一流’的上档升位目标”，是全站药具工作创先争优的目标。将创先争优活动有机贯穿于药具管理服务正规化规范化建设工程、药具管理服务“一箱清”工程、春风工程——“计划生育吉祥三宝”行动、药具宣传服务“十进”工程、流动人口计划生育药具优质服务“全覆盖”工程等民生工程中，凸显药具工作基础地位，彰显药具工作民生功能，发挥药具工作优质服务窗口作用，用药具工作取得的成果和业绩来体现展示创先争优活动的价值和效果。目前，重庆市人口计生药具管理服务站成为全市人口计生系统服务民生的一张亮丽名片。

2010年，重庆市人口计生药具管理服务站荣获了“全国计划生育药具系统政务信息先进单位”，并被重庆市人口计生委推荐为“全国人口和计划生育先进集体”，该站属业务科被评为“全国巾帼文明岗”。近年来重庆市人口计生药具管理服务站还先后荣获“全国计划生育系统药具工作先进集体”、“重庆市人口和计划生育工作先进集体”等十多项国家和市级殊荣。

【评语】

以服务群众为宗旨，以改善民生为追求，通过“五抓五确保”、“八讲八促进”、“一讲二评三公示”等活动，扎实推进创先争优活动创新发展，用药具工作取得的突出业绩检验创先争优活动成效，打造出药具优质服务民生品牌，重庆市人口计生药具站的创先争优实践给出了一张漂亮的答卷。

闪光的生命

化疗间隙，回到荣昌县的胡运彦对2010年全县人口形势进行分析，撰写分析报告。

胡运彦是重庆市荣昌县一位人口计生干部，身患白血病，仍坚守岗位、忘我工作，用顽强的毅力诠释着一个共产党员的忠诚和奉献。胡运彦是荣昌县人口计生委发展规划信息科科长，2009年查出患白血病，医生说，像这种M4型白血病，如果不移植骨髓，能挺过半年的人不多。患病之初，正值年终考核的关键时刻，他不听医生和同事的劝阻，始终坚守在工作一线，直到他无力步行到执著的工作岗位。胡运彦到医院化疗前，对同事们说，基础调查结束后，把报表给我送到病房来，我要亲自参与汇总分析。他还一再告诉大家，只有手头有工作才感觉自己不是病人，大家一定不要有顾虑。

胡运彦1969年出生于一个普通的农民家庭，2001年7月份入党，是一个对工作特别负责，视工作为幸福的人。为了把工作做到最好，胡运彦付出了比常人更多的时间和努力。他笑称自己上班是“三到”：正常上班提前到，晚上加班经常到，同事加班必须到。他任发规科科长期间，花大量时间收集整理了荣昌县从1949年以来的人口史资料，并据此分析了全县的人口计生形势，形成整体的工作思路和报告，得到了领导充分肯定。2007年年底，他对收集到的各种数据进行综合分析后发现目标考核存在问题，便向委领导建议改革目标考核办法。2008年，荣昌县委、县政府采纳了他的建议，对镇街的考核办法进行改革，实

生病期间，胡运彦下乡调研人口信息。

行“双向激励”机制，收到了明显成效。他还根据群众需求提出了“六个一”人口计生关怀行动方案，实施后受到基层和群众的普遍好评，并成为重庆市人口计生系统的知名品牌。2006年7月份，胡运彦刚担任计生委执法队队长时发现，由于各乡镇对政策外违法生育者征收的社会抚养费标准不一，征收不规范，出现了镇街矛盾大，上访群众多的问题。如何严格规范征收标准，及时化解各种矛盾成了当务之急。胡运彦主动挑起了这项敏感度高、各种利益平衡难的工作任务。为摸清基本情况，他用了40多天时间深入基层调研，走访了大量群众和基层干部，了解到许多第一手信息。调研结束后，他撰写了《关于进一步规范社会抚养费征收管理的调研报告》，提出了五条规范社会抚养费征收管理的办法措施。2008年3月份，荣昌县委和县政府根据该报告出台了《关于进一步规范社会抚养费征收管理工作》的规范性文件，规范和推动了全县社会抚养费征收工作。

2009年5月份，胡运彦开始出现贫血症状，为了不影响工作，他谢绝了医生住院的建议。到了7月份，他的病情加重，医生再一次建议他住院观察，可他却悄悄揣起了诊断书。8月底他正想请假到医院做一次全面的检查时，恰逢上级部门到荣昌县一个偏远的村搞调研，对这个村情况很熟悉的胡运彦坚持带调研组的同志去了解情况，待调研结束后才到重庆西南医院住院。胡运彦入院那天，是他40岁的生日。这天，他被诊断为骨髓增殖性疾病（即白血病前期），领导和同事们得知情况后，在西南医院的病室给他过了一个特殊的生日。2010年8月份，胡运彦在石家庄某中西医结合医院化疗后出院回家休养，医生一再叮嘱一个月后一定要回医院复查。但是他回到家，就又像平常一样到单位上班，一直忙到年报结束才回医院复查，比医生叮嘱的时间晚了20天，导致他身体状况再次急剧恶化。

胡运彦生病后，市、县人口计生委了解到他的经济状况，发动职工积极捐款。亲人和组织的关爱，让胡运彦十分感动，给了他抗争病魔的极大信心。“人只有奉献于社会，才能找出生命中富有价值的意义。”胡运彦常以爱因斯坦的这句话勉励自己，即使是在病床上，他也坚守着入党时的信念，希望能在自己人生的最后一段路程上更多地为党和人民奉献自己的光和热。

【评语】

生命有限，大爱无疆。这种爱，是对甜蜜事业的热爱，是对人民群众的挚爱。一名普通的人口计生干部，用自己的生命诠释着一个共产党员的忠诚和奉献，即使身患重病，仍在关注着工作，关注着事业，为了人口计生事业甘愿奉献出自己的生命，充分展现了优秀共产党员的崇高品质。

带病坚守岗位 书写坚强人生

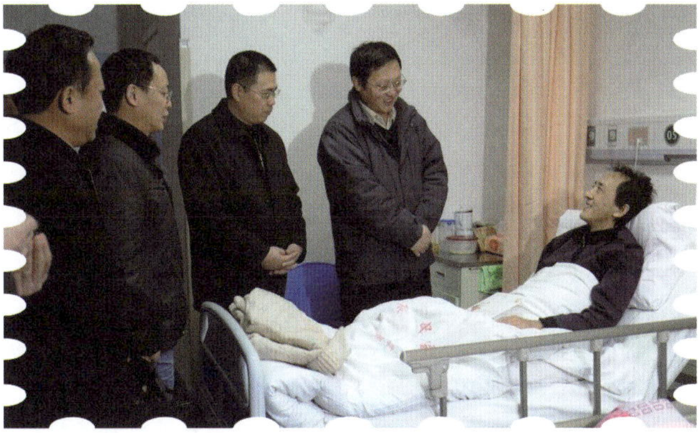

市、区人口计生委领导看望慰问李永强。

重庆市江北区鱼嘴镇社会事务办公室计生专干李永强在基层人口计生工作岗位扎根30年如一日，即使身患重病仍然坚守岗位，自强不息，用强烈的事业心和责任感扬起一面令人感动的旗帜。

李永强从1980年5月走进人口计生队伍那天起，就给当地干部群众留下了“深入基层、为人实在、勤奋好学”的良好形象。他白天走村入户宣传政策、了解情况，晚上认真梳理记录、苦心钻研政策法规和专业知识。最初，乡镇出行主要靠步行，为了最大限度地减少群众对人口计生工作的阻力，他经常一早就出发，走几十里山路，到服务对象家里做耐心细致的思想工作，工作结束后回到镇上往往已天黑。冬去春来，由于山高路陡，每年李永强的鞋子都要磨破好几双，成了单位里鞋子换得最勤的一个。因为他注意方法，为人真诚，讲奉献，办实事，很快获得了群众的信任，经过他做工作的服务对象，都能支持和配合他的工作，有些还和他结下了深厚友谊。30年勤勤恳恳、脚踏实地地工作，让村民们都把他当成了知心人。在谈到对基层人口计生工作的感受时，他说：“首先要了解群众所需，从计生对象的角度去看问题，把解决他们的实际困难作为工作的出发点，才能真正找到解决问题的关键。”

1983年，李永强被查出身患肝脏疾病。医生要求他注意休息，不能过于劳累，他却舍不下这份事业，带病坚持工作，他在下村时常常随身携带药品，一边服药一边做群众思想工作，常因为身体不支而晕倒，醒来后又继续工作，让群众深受感动。2004 年，由于长期带病坚持在一线工作，严重缺乏休息调养，李永强被医院诊断为“肝硬化伴腹水”，全身浮肿，常感肝区疼痛难忍。领导让他休息，待病情好转后再来上班。他却说：“让我坚守在自己的岗位上，发挥我还能发挥的作用吧！”在积极配合做好治疗的同时，他仍然一心扑在工作上，做到术后随访，每户必到；对计划内怀孕者，他保证定期入户随访，随时掌握情况；在人口计生专项清理中，他从不放过任何一个疑点，反复走访，直到弄清楚搞明白为止。病魔无情，2010 年 10 月，李永强被确诊为肝癌。他却叮嘱家人：“你们不要把我当做病人看，也不要把我的病情告诉其他人。”他认为，在有限的时间里，只要自己还能工作就不能放弃，因此他没有住院也没有请假。上午忙着进村入户走访，下午便跑去医院输液。直到 10 月 20 日，李永强再次倒在了工作岗位上，才住进了医院。李永强住院后，新来的同事对工作还不熟悉，李永强知道情况后，主动要求新同志把业务上弄不明白的汇总起来，通过电话或当面向他指出来，并在病床上耐心讲解。李永强住院后，在鱼嘴镇办公楼入口处的公示栏上张贴的鱼嘴镇基层党员开展创先争优公开承诺公示表中，仍然可以看到李永强的承诺：“做好基层计生工作，为群众服好务。”

得知李永强患病住院，不少村民自发赶来看望。鱼嘴镇井池村村民贺永平还托人带来字条：“强哥，您要勇敢战胜疾病，您能行的！祝早日康复。”5 个月的治疗、十多公分的外科手术切口、胀痛难忍的胸腹水、38℃以上的癌性发热、150 天的静脉输液、400 余碗的中草药……就是在这样的情形下，李永强仍乐观坚强。面对前来看望他的同事和领导，李永强还念叨着他的工作：“病好了要赶紧把之前丢下的工作完成好。”面对采访，李永强说得最多的一句话就是：“我只是做了一个共产党员应该做的。”

【评语】

是什么力量支撑着李永强在人口计生岗位上置生死于度外无私奉献？是什么精神支持着李永强在生命与事业的抉择中义无反顾地选择了后者？是伟大的中国人口计生事业，是基本国策的重大意义给予了李永强藐视病魔、全身心投入工作的力量。从李永强身上，可以看到人口计生工作者毫不利己、一心为公的崇高襟怀，也可以看到人口计生事业之所以取得伟大成就的内在动力。

四川省

震生"希望"的守护者

肖芳玉是都江堰市向峨乡石碑村妇女主任。从1995年5月27日当选村妇女主任兼计生专干，至今已有16个春秋。16年风雨如磐的路程上，留下了她走村串户的不倦身影，铭刻了基层计生人含辛茹苦为国为民的拳拳深情。

石碑村地处山区，她经常独自一人翻山越岭、走村入户，为农村广大的育龄群众送药具、送政策、送关怀。她不知多少次被人问起："为什么要做这份工作？吃苦还挨骂！"她总是笑笑说："虽然条件不好，虽然工作很难，但总得有人去做啊！共产党员，永远要记住全心全意为人民服务的宗旨。"一句很朴实的回答，足以抵上万语千言。

"5·12"地震一年后，尽管农民集中新居拔地而起，但周边山坡的断壁残垣完整地镌刻着那场惊天的裂变。张丛雪，一个不满14岁的花季女孩，肖芳玉和张深勇夫妇深爱的女儿，永远安睡在这片废墟之间。地震那天下午，正在村办公室的肖芳玉听说向峨中学垮掉后，便发疯似地跑去。当强震撕裂生命,生死面临抉择,肖芳玉的手毫不迟疑地伸向了身边的求助者。一个又一个孩子被救了出来，一份又一份希望在人群中传递，然而当肖芳玉的孩子被挖出来的时候，已经是地震后第三天了……坚强的肖芳玉，当晚安葬了女儿后，第二天又迅速地投入到抗震救灾工作中。"哪家需要做心理抚慰，哪家怀孕了，哪家一直没怀上……"灾后工作千头万绪，肖芳玉总是随身揣着一个小本，随时掏出来记录查阅。不久，小本子的折叠处已经磨起了毛边。

“再生育工作很艰巨。”肖芳玉说，“从丧子之痛到由衷欢笑，我见证了孩子遇难家庭的‘三张脸’，从失去孩子的悲伤，到怀孕后的喜上眉梢，再到生孩子后的开怀大笑。我的心里虽然苦，但再生育工作永远不会放下。”提到逝去的孩子，坚强的肖芳玉顿时泪流满面：“人的手指有十个，砍掉哪个不疼？但是死去的不能复活，活着的还要继续生存啊！”在400多个日日夜夜的操劳中，小小的石碑村已有12名妇女成功分娩，目前尚有两名妇女成功怀孕。肖芳玉，这位再生“希望”的守护者，由于工作过度劳累，两度流产后，终于在2010年的9月13日成功产下一个男孩。孩子的出生，给肖芳玉一家人的生活又带来了希望。

【评语】

“共产党员，永远要记得宣誓时说的那句话。”肖芳玉，用她的实际行动，兑现了自己入党时的诺言，她用自己的一片深情，给灾后群众带来了新的希望和新的欢乐，她用自己的坚韧不拔，取得了人生的“双赢”。

从稚嫩女孩到巾帼英雄

四川省什邡市计划生育服务站站长钟雪飞，离开校园就径直踏上了计划生育这“天下第一难”的工作岗位，如今她已忙碌了20个年头。20年中，她做出了成绩，获得了荣誉。

钟雪飞是学护理专业的，到单位不足5年就担任了护士长一职。她不怕苦，不怕累，工作井然有序，服务周到。育龄妇女到计生服务站都爱找“钟老师”。由于工作的需要和她的工作能力，钟雪飞被借调到市人口计生局统计科，面对陌生的工作，她充分发挥了自己虚心好学的优点，在很短的时间就熟悉了业务。当她将精心准备的统计分析资料和工作建议郑重交到局长手中时，局长深深感到选对了人。全省统计监测点和奖励扶助制度开始后，钟雪飞把家务交给了丈夫，吃住在农村，对统计监测工作进行指导和把关，当年监测点工作荣获全省第一名，奖励扶助工作荣获全国先进集体的光荣称号。

“5·12”汶川特大地震，什邡属重灾区，人员伤亡和财产损失严重，钟雪飞临危受命担任市计划生育服务站站长。面对数百个失去子女的计划生育家庭，她带领巾帼团队，冲在了抗震救灾的第一线，走遍了灾区的废墟，深入了解了每一户遇难子女家庭情况。洛水镇洛城村9组唐小波、吴乾贵夫妇，地震发生时站在自家的院子里，亲眼看见儿子就读的学校倒塌。儿子走了，夫妇失去了生活的信心，爷爷每天去坟头守护孙子。为了使这个家庭重享天伦之乐，钟雪飞立即和四川省生殖卫生学院教授联系，并亲自陪这对夫妇前去检查，结果发现唐小波不能正常受孕。此时唐小波眼泪不断地滚落下来。钟雪飞看在眼里，痛

在心里，下定决心一定要帮助这个家庭重树生活信心。通过专家帮助和一系列技术手段，医院为唐小波采用了辅助生殖技术——四川省首例“冻融胚胎”移植术。一个月后喜讯传来，唐小波成功受孕了。2010年4月10日，钟雪飞早早等在了产房外面，就像期待自己的孩子降生一样。当白衣天使怀抱着一个漂亮、健康的女婴走出来时，唐小波夫妇笑得合不拢嘴，钟雪飞为他们夫妇而高兴，也为所有医务人员的付出而感动，因为一个完整而幸福的家庭又回来了。

2010年11月份，钟雪飞的丈夫被医院检查出“第三脑室巨大占位”，迅速转到华西医科大学附属医院治疗，术后病理报告为“非霍奇金淋巴瘤”，各项指标提示预后非常差，这个结论粉碎了钟雪飞最后的希望。时至年终，各项工作繁多，她负责的国家“十一五”攻关课题叶酸的临床应用也接近结题。白天她准时出现在单位，下班后立即到医院护理丈夫，忙里忙外不可开交。家里还有个刚上初三的儿子和体弱多病的双方父母，各种压力都向她压来。病魔无情地夺走了她深爱的丈夫，坚强的钟雪飞料理完丈夫的后事，将悲痛埋在心底，鼓励儿子要坚强地面对人生。然后她又迅速地投入到工作中……

20多年来，钟雪飞从初出茅庐的小女孩，成长为“三八红旗手”、“优质服务标兵”、“抗震救灾先进个人”、“再生育工作”先进个人，连年考核优秀，她领导的市计划生育服务站荣获省级“巾帼文明”示范岗称号、“再生育工作”先进集体等荣誉。

【评语】

人口计生战线是一个先进人物辈出的战线，钟雪飞是这个战线中的一名坚强战士；人口计生队伍是一个先进群体层出不穷的队伍，什邡市计划生育服务站是这支队伍的佼佼者之一。

甘洒青春献计生

20年前，19岁的她来到一个地势偏远、沟壑纵横的乡镇——四川省安岳县来凤乡。从此该乡12个村141个小组的坡坡坎坎，经常可以看到一位身体孱弱、背着B超机和药具包走村串户，为育龄妇女进行政策宣传、“三查”服务和随访的女性。她就是被育龄妇女们当做贴心人的乡计生服务站站长刘艺。20年来，她甘洒青春奉献计生，倾注真情服务群众，先后获得全国计生协先进志愿者、全国“三八红旗手”和安岳市人口计生先进工作者等荣誉称号。“正是有了像刘艺这样兢兢业业、任劳任怨、视育龄妇女为姐妹的好干部，我们的人口计生工作才能越搞越好！”无论是当地干部群众，还是到该乡调研的领导都这样说。

刘艺到育龄群众家中随访。

1996年，刘艺从四川省生殖卫生学院毕业分配到来凤乡工作，出门看见的是荒凉大山，每天打交道的是已婚育龄群众，亲戚朋友都劝她换个岗位。然而她深知，农村广大群众生育观念落后，卫生知识缺乏，做好人口计生工作意义重大。刘艺向亲友公开承诺：没有不发光的岗位，任何岗位都可创先争优，都可铸就不平凡人生。从此，计生服务站，弯弯的山间路和沟壑乡村农院，构筑了她人生的舞台。政策宣传、技术服务、优生指导、药具发放、随访服务和生殖保健占据了她大部分生活空间。工作不到2年，她就跑遍了全乡每个角落，口袋里的“小本本”记满了全乡已婚育龄妇女的生育信息和计划生育的各项需求。数年来，她凭着对事业和育龄姐妹的一腔热情，赢得了人民群众的信赖、尊重和爱戴：张家妹子怀孕了会找她咨询孕产知识；李家媳妇身体不适了会找她检查检查；王家小夫妻闹矛盾了也要找她聊聊以解心结；她的办公桌上经常堆放着群众送来的蔬菜、水果……

在工作中，她总是掏出真心换真情，与育龄妇女结下姐妹情缘。有个严冬，在约定到七村“三查一治”的日子，天气骤变下起了大雨，通往该村的路成了烂泥，驻村干部纷纷打起“退堂鼓”。刘艺却坚定地认为，不能因为天气原因失信于育龄妇女。于是，她一个人抱着B超机，怀揣“三查一治”单，身背避孕药具，翻过10多里山路赶到七村。途中由于下雨路滑，摔了一跤，摔下时，本可抓住路边的树，但她想到的是把B超机放在了田埂上，自己掉进了一尺多深的冬水田里，全身湿透。走到村口，全村育龄妇女见她满身污泥，冻得直打哆嗦，人们感动得直掉眼泪。计生手术是免费的，但是术后用药需要自费。来凤乡许多育龄群众家庭贫寒。为此，刘艺克俭自己，却花了不少钱为贫寒姐妹们买药治病。

2007年5月，刘艺觉察身体不适，但时值全省集中开展“五清理、五落实”，她怎么也舍不得放下工作。等到能抽出时间到省城医院检查时，结果让人震惊——乳腺癌。当群众得知刘艺住院后，不远几百里路去看她，她们拉着刘艺的手说：“妹儿，你的心中有我们，我们心中也有你呀，要是你有个三长两短的，我们心里也不好受。”看到这些淳朴的乡亲们，刘艺躺不住了，她不顾医生的再三叮嘱，又回到了乡上。许多育龄妇女来了，乡党委、政府、人口计生局的领导来了，他们都叫她好好养病。但是，倔强的她在化疗后的第15天便投入了工作中。当她挂着输液瓶工作时，许多群众感动得流下了眼泪……她认为自己只要能动一天，就要开展一天工作，这样才无愧于那么多关心她的人，才对得起人口计生干部这个神圣的职业。在大家的关心下，刘艺战胜了困难，战胜了自己，战胜了死神，癌细胞得到了扼制，连主治医生都认为，能在这么短时间恢复是医学上的一个奇迹。

【评语】

刘艺用实际行动默默耕耘、无悔奉献，用基层计生干部爱岗敬业的崇高品质书写了创先争优的动人篇章。“正是有了像刘艺这样兢兢业业、任劳任怨、视育龄妇女为姐妹的好干部，我们的人口计生工作才能越搞越好!”这不仅是当地广大干部群众的肺腑之言，更是广大受益人口计生事业的人们的肺腑之言。

贵州省

真诚架虹桥 协会连万家

我叫谢道琴，2005年3月担任了赤水市石堡乡计生协会的会长。在这个岗位上干了7个年头。我曾在多个岗位工作过，但没有哪一个岗位能像计生协会一样，给我这么多的激情和感动、挑战与考验。

石堡乡很偏远，然而再偏远的山路上都有我们计生协会员留下的深深足迹；老百姓居住得很分散，然而再分散都有计生协会浓浓的关怀。多年来，我和我的会员们以“挑战自我、追求完美、踏实进取、乐于奉献”为座右铭，凭着对工作的执著、敬业，凭着精心的谋划、满腔的热情，我们用诚心和爱心，架起了计划生育基本国策与人民群众心灵之间的虹桥；我们用信心和耐心夯实了计划生育的工作基础，使老百姓实实在在地感受到基本国策惠及万民、利国利家的优越；我们用决心和恒心赢得了各级领导的认可。

为了做好协会工作，真正实现群众“自我管理、自我教育、自我监督、自我服务”，我和同事们不怕艰辛和劳苦，耐心细致地做群众的思想工作。经过无数个日日夜夜的辛勤工作，到后来村民们个个主动参加协会活动，增加了计生协会的凝聚力和生命力，扩大了计生协会的影响力。在会员们的带动下，村民的生育观念也有了很大的转变，人口计生知识知晓率和对人口计生工作的满意率大大提高了。

为群众办好事、实事，有时也常常有被委屈、被误解的时候。正审核和填写计生家庭帮扶上报表册，有人说我“六亲不认”，也有人说我“假正经”……是啊，“反正又不是我的钱，只要我没揣腰包，给谁不是给?” 可是，当我看到那些遵守计划生育政策的群众憨厚而又信任的面庞时，我坚守着责任，一定不能辜负群众的信任啊。作为一名党员干部，更应当如此！对一些政策边缘的上访对象，我认真做好解释工作，还经常到老乡家核实情况，以书面进行答复，并积极向上级反映情况，切实维护群众的合法权益。在做好优先优惠政策的兑现工作中，严格把关，积极做好宣传解释工作，并主动帮助对象户在信用社核实奖扶金额。这些家庭我一户一户登门，了解贫困母亲家庭情况，帮助出谋划策，想办法、找路子、联系扶贫项目。她们有什么困难，都来找我，其他会员遇到了什么困难也来找我，我总是不厌其烦地帮助他们。这几年，从没出现过错漏一户，从没因奖励扶助问题造成上访对象。渐渐地，大家公正地看待我、认可我、帮助我，原来对我有意见的一些群众也消除了误解，我又重新成了大家喜欢的谢家大姐、谢家妹子。群众和会员对我产生了一种依赖感，我成了她们的贴心人、主心骨！

协会的生命力在于活动，凝聚力在于服务。青海玉树地震，我利用全乡协会干部培训大会和场上赶集的特殊日子，组织全乡计生协会干部和会员开展了“天灾无情、情系灾区、心系玉树”捐赠活动，向灾区人民奉献了一份爱心。每年春节，在乡协会开展“春节计生关怀行动”活动中，我都要亲自到每一户贫困计生户家中进行慰问，刮风下雨、天寒地冻，都阻挡不了我进村入户慰问的决心。我想，宁可我们辛苦点，也要让计生群众过个幸福年。

在我和同事们的努力下，石堡乡计生协连续 5 年受到市协会的表彰，我个人年年被市或乡评为先进个人，2010 年还被评为全国计生协会先进个人和全省计生协会先进志愿者。

【评语】

带着对计生协会工作的热爱之情，以务实的工作作风，谢道琴以自己的行动践行着党的为人民服务的宗旨，使计生协会在与育龄群众和计生家庭之间架起了一座美丽的虹桥。

扎根计生献青春 几多艰辛不言苦

黄泥塘镇计生办主任接待群众来电访。

现年36岁的陈德军是贵州省毕节地区大方县黄泥塘镇计生办办公室副主任，从1999年10月参加工作至今一直从事人口计生工作，一干就是12年。他以扎实的工作作风，出色的工作成绩赢得了大家的好评，2005年9月份，被任命为黄泥塘镇计生站副站长，负责全镇流动人口管理与服务和PIS系统的管理与维护工作。当时乡镇刚刚启用PIS系统，一切从零开始，但勤奋的他凭着对人口计生工作的热爱，认真学习钻研PIS系统的各个模块的基本功能以及各个模块之间的数据联系，从PIS系统的安装、设置、录入、查询、逻辑错误的修改和报表的审核上报都认真学习。积极参加上级的业务培训，虚心向老师请教与同行探讨，抽时间加强学习，使他很快成为一名业务骨干。他将PIS系统中的工作提示单真正运用指导村级开展工作，使该镇人口和计划生育信息化工作步入正轨。辛勤的工作，得到各级领导的肯定。2005～2007年，陈德军连续3年获得县人口计生局信息化建设一等奖；2006年获得县人口计生局报表质量一等奖。

他凭着一颗为党为人民的赤诚之心，真心实意、实实在在地为群众谋利益，在群众心目中树立了良好的形象。2009年8月份，他到黄泥村了解刘发芬夫妇生育意愿时，刘发芬夫妇有一个3岁的女孩，他的丈夫是几代单传，按照政策规定，可以再生育第二孩。当了解到刘发芬本人不愿再生育第二孩，但其丈夫及家人还想再生育一个孩子时，他多次到其家中，向其家人宣传少生快富的政策，使该夫妇放弃了再生念头，主动到镇计生办办理了《独生子女父母光荣证》。通过他辛勤的努力，全镇的人口计生工作总体水平得到了提高。他善于总结与探索，2010年探索出了一套加强人口计生管理的工作思路，提交党委讨论，得到了采纳，全镇立即开始运行了人口计生全程管理服务模式，通过实践，该套模式突出两大转变，即工作理念上从过去的控制型转到服务型、从单一型到选择型的转变，在工作方式上从过去的政府管理为主向群众自己管理为主的转变，实现了从过去坐等上门到现在的主动上门服务，从单一服务到综合服务；从简单服务到温馨服务，从大众化服务到个性化服务等，从一般性服务到家庭化服务，最大限度满足群众需求。通过对人口计生全程管理服务模式的运行，全镇人口计生工作取得了显著的成绩，赢得了各级领导的好评。

他爱岗敬业，任劳任怨，为了做好计划生育工作，他年复一年，心系人口计生事业，为了帮助基层做好计生对象的工作，他一心扑在工作上，从不计较个人得失，他把自己的满腔热情和全部精力完全融进了这个事业，他选择了付出、奉献、艰辛、坎坷，选择了一个计生工作者随时可能碰到的一切困难。因此，他只得把在父母病重时床前未能行孝的缺憾深深地埋在心中，只能把对妻儿的愧疚久久藏在胸间。有人这样问他："你干计划生育工作又苦又累又得罪人，你究竟图个啥?"他却这样回答："从事计生工作是我今生无悔的选择；让群众过上好日子是我今生最大的快乐!"

【评语】

扎根计生献青春，几多艰辛不言悔，一腔热血，一身正气，一心务实，铁肩担道义，责任放心间，信心装胸怀，义无反顾地坚守国策，不计得失地辛勤耕耘，陈德军以自己的实际行动塑造了新时期计生人的良好形象，诠释了计生人深刻的精神内涵。

云南省

创思想建设之先 争为民服务之优

云南省昆明市人口计生委认真开展创先争优活动，解放思想，开拓创新，团结拼搏，真抓实干，不懈努力，全面加强新形势下人口计生工作，圆满完成了年度各项目标任务，先后荣获国家人口计生委“全国综合改革示范市”、“全国人口和计划生育系统先进集体”等称号。

在委党组的精心部署下，各党支部组织全体党员认真学习并扎实开展创先争优活动。6个支部结合本部门的实际制定了开展创先争优活动的具体实施意见，成立了领导机构及工作机构，建立党组指导联系点，认真抓好分管部门和单位的创先争优活动，做到思想到位、组织到位、措施到位，切实把工作抓细、抓实、抓出成效，促进工作开展。党组书记、总支书记、各支部书记、支部委员、党小组长以身作则，联系实际就党组织、党员在本单位工作中如何发挥战斗堡垒作用和党员的先锋模范带头作用，带头发表感言，谈体会、谈心得，对单位和部门的工作提出建议，对领导和同事之间提出看法和意见，尤其就如何“盯住目标、改进作风、讲求效率，争创一流，加快昆明科学发展新跨越”进行了积极探讨。认真剖析，真诚面对，以此促进工作，增强团结，同时开展好“读好书、求新知”活动，每月指定读好一本书，不断提高理论修养；认真召开创先争优专题民主生活会，找差距、定目标；举办职业道德修养专题讲座、采取集中学习和个人自学等方式，提高全体党员干部对创先争优活动的重要性和必要性的认识；各支部把开展创先争优活动与“效能昆明”建设活动等当前各项工作有机结合起来，坚持边学边评边改，委领导和各部门负责人，带头学习，带头发言，带头调研，发挥了示范带头和表率作用，为学习实践活动的扎实开展起到了导向作用。结合“三个一”主题实践活动，把创先争优活动作为服务中心工作、推动科学发展的动力。委领导通过电视、广播、报刊向全市人民做出公开承诺；党支部书记根据自身建设任务，以先进基层组织“五个好”和优秀共产党员“五带头”为目标进行了创先争优承诺；委机关各处室、各直属事业单位负责人根据年度工作目标和岗位实际，提出加强学习、履职履责、改进作风、服务群众的具体计划，认真进行公开承诺，同时开展了领导点评、“授旗评星”、“四亮四评”、帮扶结对、党员志愿队为群众办实事好事等系列活动，与扶贫点、社区和新农村建设联系党支部结对子；组织党员干部深入扶贫点、新农村建设点和当地党支部开展“手拉手”、“心连心”活动；积极参加“共产党员抗旱先锋”行动，帮助村民找水打井、抗旱保苗、生产自救；开展“爱心捐助”活动，为社区贫困人群、爱心超市捐赠食用油和大米；设立计划生育“便民服务点”、组织党员自愿队到社区、学校等地广泛开展免费为流动人口服务工作。

通过创先争优活动，昆明市人口计生委机关和直属单位党员先锋模范作用得到进一步提升，全体工作人员作风有了明显转变，见困难上、见荣誉让已蔚然成风，“白加黑”、“五加二”的工作态度习以为常，心系百姓，情系育龄群众已成为共识，得到了市委、市政府的充分肯定，受到全市育龄群众的一致好评。

【评语】

创先争优活动激发了党员干部和广大职工的内在动力和创新能力，为基层党组织提供了服务群众的载体和平台。使广大党员干部永葆蓬勃朝气、昂扬锐气、浩然正气，进一步优化了机关风气，促进了机关勤政、廉政、优政建设。

计生宝石花 绽放璀璨光

云南省西双版纳州景洪市勐罕镇计划生育服务所所长、妇产科医师玉香腊，与人口计生事业结缘15年，爱岗敬业、无私奉献，被群众称为计生宝石花、健康守护神。

1995年玉香腊调入新成立的镇计生服务所工作，两年后担任了所长。15年来，她勤学苦练，一心为群众服务，在计划生育岗位上无私奉献，使勐罕镇计生服务所成为全国一流的乡镇服务所。人口计生工作被喻为“天下第一难事”，玉香腊尝尽了人口计生工作的酸甜苦辣。一次，她到山寨做一户政策外怀孕妇女的工作。刚进家门，男主人就口出恶语：“我家多生个孩子又不要你养，你也管得太宽了，不用来说，说也没有用！”对此习以为常的玉香腊没有与他理论，而是关切地询问了孕妇的身体，拉拉家常。气氛缓和后，玉香腊才心平气和地向他俩讲解计划生育政策，用算账对比的方法，讲清越生越穷、少生快富和优生优育的道理。经过玉香腊和村干部反复耐心做工作，这对夫妇终于想明白，做了手术。在玉香腊耐心细致的思想教育工作下，几年来全镇没有出现一例政策外生育。

玉香腊时刻以“自重、自立、自警、自醒”精神勉励自己。从事人口计生工作15年来，常遇亲朋好友登门说情，但每一次都被她回绝。她经常进村入户与群众谈心交流，开展咨询服务、讲解生殖保健、优生优育知识，免费地为群众送医送药，解除她们的疾苦，用自己富于人性的关爱和优质服务，在潜移

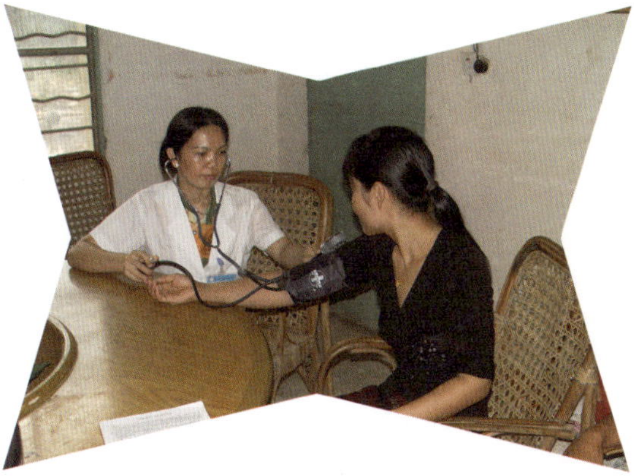

默化中改变群众的婚育观念，渐渐地群众都把她当成知心人、贴心人。玉香腊没有信誓旦旦的豪言壮语，唯有勤勤恳恳、兢兢业业地工作。熟悉玉香腊的群众都知道，她的心中始终装着一本“账”。这本“账”上有送药具的对象、时间；哪家的媳妇怀了孕；哪位母亲生几胎，她适合采取哪种避孕方法等。因为她细致周到的工作，当地各族育龄妇女都把她当成了自己健康的保护神。为改善计生所简陋的条件，她积极争取资金，先后投入 80 多万元建盖了一幢综合服务楼并且修缮了老楼，投入 50 多万元配备了相应的医疗设备。她的工作得到了各族群众的认可和肯定，多次被上级部门评为“计划生育工作先进个人”、“科技工作先进个人”、“三八红旗手”，省级“科技兴乡贡献”、“道德模范敬业”奖；荣获 2004 年全国人口计生系统作风建设先进个人、2005 年全国人口计划生育系统新时期最可爱的人、2010 年全国人口与计划生育事业新闻人物等荣誉。在荣誉背后，玉香腊为了工作放弃了无数节假日，她立志要为家乡的明天继续努力耕耘。

【评语】

为计生国策不计得失、甘于奉献，为少数民族地区的人口计生工作鞠躬尽瘁，成为少数民族群众健康的保护神，这是人口计生系统创先争优活动的生动体现，也是创先争优活动在民族地区取得的丰硕成果。

陕西省

开拓创新谋发展 立足服务为民生

创业工程提升计生家庭致富能力。

近年来，陕西省咸阳市人口计生委按照让人口计生部门在加强社会管理中有位置、在增强公共服务中有作为、在人民群众满意中显成效的工作思路，紧紧围绕中央《决定》和省委、省政府《实施意见》精神，以构建和谐计生为宗旨，认真落实科学发展观，团结务实，开拓创新，创先争优，狠抓落实，连续3年在全市92个部门行风评议中名列第一。

围绕构建“综合协调、科学管理、利益导向、优质服务、宣传引导、考核评估”六大机制的总体思路，市人口计生委在全市开展了以创建省级和市级人口计生综合改革示范单位为主要内容的“两级同创”活动，把人口计生工作领导小组更名为统筹解决人口问题工作领导小组，由市委书记任组长，明确了各成员单位在统筹解决人口问题中的职责，将人口问题作为各种决策的重要参考，在全省率先开展计划生育新农村新家庭新阵地创建活动，并将其作为推动农村人口计生工作全面上水平的重要抓手，建设新农村、创建新家庭、构建新阵地，培育新农民，积极探索建立新型村级经常性工作机制。市人口计生委以宣传教育为先导，积极争取和运用社会力量搞好计划生育宣传教育，充分利用新闻媒体，开设专栏，组织专业文艺工作者和文艺爱好者创作了一大批群众喜闻乐见，乡土气息浓厚的快板、小品、戏剧等关爱女孩题材的文艺作品，通过组织书法、绘画、摄影展览和知识竞赛、演讲比赛、写送春联等活动，营造了浓厚的社会氛围。全市创建了婚育新风进万家示范乡镇163个，示范村1 976个，群众婚育观念发生了巨大变化。为了搞好流动人口计划生育服务管理，市人口计生委下发了《咸阳市流动人口计划生育工作“一盘棋”“三年三步走”实施方案》，成立了流动人口管理机构，把流入人口计划生育服务管理工作纳入全市人口计生工作的总体规划，实行同安排、同部署，实施属地化管理工作机制，纳入免费技术服务范围，纳入流入地管理责任制，实行目标考核，并且把流入人口纳入财政预算基数，与户籍人口同安排、同投入；配备了社区流动人口计划生育管理服务协管员，并且与北京、上海等191个地市签订了《流动人口双向管理协议书》，实现了区域协作；成立了咸阳市计划生育协会流动人口分会，在流动人口较集中的地方成立流动人口计划生育协会，为流动人口排忧解难、提供服务。此外，全市13个县市区、179年乡镇建起了标准的计生服务站，3 027个村均设立了计划生育服务室，形成了以市计划生育指导中心为指导，县计划生育服务站为龙头，乡镇服务站为主体，村服务室为基础的计生技术服务网络体系；大力开展“母亲健康工程”，全市98万名育龄妇女每两年接受一次免费健康检查；另外多方筹措农村大病救助基金，用于农村育龄群众大病补助；把计生

母亲健康工程受到广大育龄群众的普遍欢迎。

优生促进致力提高出生人口素质。

服务站列入农村合疗专科门诊，把妇科病的治疗纳入合作医疗报销范围，减轻群众的经济负担；实行优生促进关口前移，群众持计生部门的婚检证明在民政部门领取结婚证，婚检费用由政府财政埋单；积极探索把计划生育利益导向机制融入社会公共惠民政策的办法和措施，对农村计生家庭初中毕业准备就业的子女免费提供服装剪裁、计算机应用等技能培训，并全部安排就业；实施农村独女和双女户女孩初中毕业升学享受加分的优待政策以及对考上大学的独女户和双女户家庭女孩资助 3 000 元政策；大力实施农村计生家庭创业工程，帮助计生家庭创业发展，提高计生家庭的经济发展能力。

【评语】

咸阳市人口计生委以创先争优为平台，以构建和谐计生为宗旨，开拓创新，狠抓落实。在加强社会管理中有位置，在增强公共服务中有作为，在人民群众满意中显成效，充分彰显了人口计生部门在新时期、新形势下勇立潮头，有为有位。

真情所至 融冰化雪

我叫郭国琴，来自陕西省麟游县招贤镇计生服务站阁头寺分站。从事技术服务工作已经12个年头了。阁头寺是麟游县南北分界岭，大山连绵不绝，山高坡陡，吃水难，行路难，要为居住分散的5个行政村810多名育龄妇女和3 500多名村民提供服务全靠步行。服务站的土木结构房屋，基础设施简陋，服务设备落后陈旧，只能开展“三查”、上取环和最简单的妇科病检查。

山区群众的生育观念比较落后，要让群众心悦诚服地接受计划生育政策，光靠吃苦是不够的，还要找到开启他们心灵的钥匙，这把钥匙就是“情”。刚到阁头寺的第一个冬季，一天屋外飘着大雪，我想到安子坪村葫芦坪组的妇女李翠萍产后42天了还没有落实节育措施，现在正是需要我的时候。于是我冒着大雪，踏上了去安子坪村的道路。翻山越岭走了40多里山路，走了整整6小时才赶到李翠萍家，给李翠萍讲解了哺乳期宜用的药具及使用方法、禁忌等，又给她和婴儿做了检查，留下了带去的奶粉，才放心地踏上归途。“精诚所至，金石为开”，这次不寻常的经历，使我和李翠萍夫妇成了朋友。为了打开工作局面，我就主动和群众搞好关系，无论是下乡“三查”、随访还是发放药具，我就像个货郎，给群众捎去。随身携带的B超机不仅查环、查孕，更重要的是为群众查病，查完后根据不同情况建议他们到县里确诊或买药，同时也给他们介绍一些常见病的防治知识。时间长了，

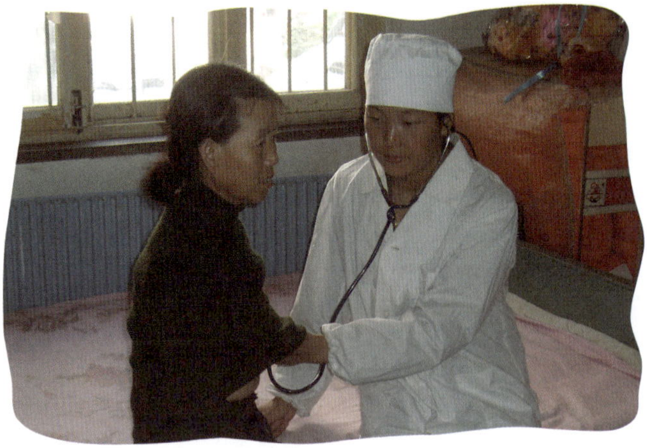

和群众的距离拉近了，也结下了信任和友谊，工作得到了群众的支持和认可，群众也开始接受人口计生政策法规和人口理论知识，节育技术服务和优生优育指导，孕期跟踪服务和术后随访。渐渐地，工作局面打开了，“三查”工作由每天几个人增加到了几十个人，最多的时候一天达到50多人。工作局面的打开，育龄对象认识的逐步转变，使我对人口计生工作的信心倍增，也坚定了我扎根阁头寺服务群众的决心。我相信自己凭一颗赤诚的心、坚定的信念和已经掌握的技能，能把这项工作干好，干出成绩！

随着群众生殖健康需求的多样化和计划生育服务领域的拓宽，我认识到作为一名人口计生工作者，只有不断提高自身业务水平和服务技能，才能适应人口计生工作形势的发展。在这10多年里，我努力钻研业务，先后考取了执业资格证、执业医师证、执业药师证，并参加了延安医科大学临床医学函授学习。除正常开展计生技术服务外，我接诊最多的就是妇女病患者。为了熟练掌握妇女病治疗技术，我经常利用护送病人到县上医院的机会，留心学习老大夫们诊疗的方法，还经常到患病妇女家中了解治疗用药效果，分析治疗方法。通过努力，为许多妇女治好了妇科常见病。治疗不孕不育症也是我在业务上着力攻克的难点。我接触了不少患不孕症的妇女，深感她们内心孕育子女的迫切愿望和迟迟不能实现愿望的痛楚。尽管治疗这种病并不是我这个小服务站的主要任务，但我还是想试一试。我请教了许多老中医和妇科医师，也搜集了许多民间偏方、验方，积累了一些知识，在我的努力下，先后治愈了5例不孕不育症患者，帮助这些夫妇实现了生儿育女的夙愿。

12年的真情付出，将我和阁头寺群众的情感融合在了一起，在这里我实现了人生价值：群众的观念有了很大提高，从人口计生政策的抵触者变成了热情的支持者；他们心疼我，不愿意我翻山越岭耗费体力，纷纷上站来主动“三查”；他们信任我，每当有生殖健康方面的不适，总会来找我解决；他们爱护我，我用真情赢得了乡亲们由衷的信赖和爱戴，现在走家串户，群众再也不像当初那样冷脸相待，而是热情相迎。有了群众的理解和支持，阁头寺服务区的计生率、三查率一直走在全县前列，服务站工作在全县评比中名列前茅。

【评语】

计生人所从事的是伟大的事业，郭国琴只是千万个计生人的缩影，还有许多优秀的计生工作者为了人口计生工作做出了巨大牺牲，依然兢兢业业工作着，这是由于她们有着计生人的忠诚与执著，有着永不言悔的追求，有着与育龄群众浓浓的鱼水深情。她们在为群众的服务中实现了自己的人生价值！

三十年风雨国策路

我叫吕明爱，是陕西省合阳县王村镇北王村的计生专干。我与人口计生工作的缘分是从 1978 年春开始的，那年我担任着村党支部副书记。当时村里人口计生工作没人愿意干，领导就让我先干。万事开头难，为了使广大群众从心里接受人口计生政策，我先抓宣传工作，给群众算少生人口的经济账。1980 年，中共中央发表《公开信》，我带领村里的文艺宣传队编排了“计划生育好”、“少生优生幸福多”等快板和“超生游击队”小品，带头上台表演，使群众在欢笑中受到教育。连续多年，只要是村上开大小会议，我都要说一段唱几句，慢慢地群众对人口计生工作有了认识，工作也好搞了。

人口计生工作是天下第一难事。我这个计生专干，要把育龄妇女当作自己的亲姐妹，真心实意地帮助她们解决生活的困难，用诚心感化她们，用道理说服她们。

前几年，村上退耕还林，有 120 个计生户分得了林地，村里还给了特别优惠政策，免费提供绿化苗木、技术，解决花椒的销售问题。后来村里建日光大棚 100 棚，其中计生户占到 30%，村里还联系贷款，优先满足计生户需求，计生局还及时送来了帮扶资金，使广大计生户在政治上感到有地位，许多超生户后悔自己不是计生户，全村形成了计生户光荣的风气。如今，我们村的人口计生工作越来越好做，走进村中，人口计生的宣传画和标语遍布全村，村计生服务室也经常有人询问人口计生政策。村容村貌变了，生活水平提高了，生育观念也变了，生男生女一样好的观念被群众接受了，大家都自觉落实节育措施，依法生育。村里46对双女户全部采取了长效节育措施，85户领取了《独生子女父母光荣证》，其中放弃生育二孩指标9户，6个家庭领到了奖励扶助金，全村计生户享受新合疗的122户，有31户93人还办理了计划生育家庭意外伤害保险，享受低保的4户，计生户不再担心老无所养了。

三十多年来，是人口计生工作陪伴着我的人生路，三十年来，我用泪水、汗水和苦水换来了群众的理解、信任和支持，赢得了党和群众给我的许多荣誉。自1995年以来，我先后被评为全国计划生育先进个人，陕西省计划生育先进个人，市级计划生育先进工作者。2004年在我村的计生专干竞聘大会上，我再次以全票当选，赢得了全体村民的信任和支持，这更加激励了我干好人口计生工作的信心和决心！

【评语】

三十年风雨，三十年历程，农村发生了翻天覆地变化。可以看到人口计生政策是怎样越来越深入人心，越来越受到群众的认可和拥护的过程。基层计生专干的三十年也是人口计生系统不断创先争优、勇攀高峰的辉煌历程。

甘肃省

她“用情、用爱、用心、用孝”工作

甘肃省陇南市武都区柏林乡腰坡村主任蹇凤琴，在人口计生工作的岗位上十年如一日，“用情，用爱，用心，用孝”工作，待群众如亲人，被市、区、乡、村誉为育龄妇女的贴心人，得到上级领导及村民的一致好评。2007年她被推选为陇南市人大代表，2010年荣获乡“三八红旗手”，2011年荣获武都区“三八红旗手”。在她不懈的努力下，腰坡村计生工作多次荣获“计划生育先进村”、“区先进村”称号。

过去，武都区柏林乡腰坡村群众生育观念落后，是一个少数民族聚居村，加之当时村里没有计生专干，计生工作成为老大难。2000年，能干、要强、能吃苦的蹇凤琴被村里推选为村计生主任。上任伊始，她首先细致摸底，掌握全村育龄妇女的情况。针对全村村民居住环境、育龄夫妇分布情况，晚上逐户登门走访；对外出打工的逐一打电话询问，逐一核对基本数据。通过调查走访，她摸清了全村育龄妇女及家庭基本情况，建立了全村育龄妇女及家庭的档案。然后再根据不同的家庭情况进行走访，与群众嘘寒问暖，交心谈心，为这些家庭排忧解难，提供帮助。多年的工作实践，蹇凤琴总结出了一条做育龄夫妇工作的经验——“用爱工作，用情助人”。她努力帮助村里的二女户和独生子女户的子女解决上学困难，并为困难家庭多方奔走帮助他们渡过难关，赢得了广大村民对她的支持和拥戴。她在人口计生工作的岗位上年复一年，日复一日，不仅对自己的长辈关心爱护，还努力帮助其他老人，关照他们的生活。对60岁以上的老人，她都提前走访联系，尽快解决计生奖励扶助。

2008年“5·12”地震，腰坡村是全乡受灾最重的村之一。蹇凤琴立即投入到抗震救灾的工作中，冒着余震的危险逐户查看灾情，登记受灾情况，特别是受灾最重的育龄妇女家庭，给予热情和有力的帮助。蹇凤琴常说，人口计生工作是我的事业，也是我的生命，只要乡亲让我干一天，我就为乡亲们奉献一天，“用情，用爱，用心，用孝”干人口计生工作是我的工作原则。

【评语】

一名村级计生主任，面对“天下第一难”的计划生育工作，倾注真情，付出大爱，献出真心，奉行孝道，不计个人得失，坚持不懈、兢兢业业、任劳任怨，一心为民，因而得民心、顺民意，用实际行动铸就了新时期基层人口计生干部的良好形象。

计生服务站站长的情怀

他，没有什么显赫的身世；他，也没有什么令人目眩眼耀的光环；但就是他，却在短短的几年里，在一个平凡的岗位上干出了不平凡的业绩。他叫韩国浩，是甘肃省白银市白银区计生服务站站长。

韩国浩 1995 年中专毕业后，一直在白银区武川乡卫生院工作。由于他工作出色，2003 年被上级提拔为武川乡卫生院院长。2007 年，他被调到白银区计生服务站。在这十余年时间里，他积累了丰富的临床经验，同时也奠定了深厚的群众基础。在工作中，他将“群众利益无小事”作为座右铭，时刻警醒自己心系群众，服务群众。2008 年韩国浩被任命为区计生服务站站长，为了加强服务站建设，更好地服务群众，经过广泛征求各方面意见，很快他就拿出了一套完整的规划及管理方案，建立健全各项规章制度，建立新的工作机制。首先，他从抓职工思想教育入手，让职工把服务站当成自己的“家”，引导他们振奋精神，转变工作作风，改善服务态度，提高工作效率和工作质量。继而又大胆进行人事制度改革，建立激励机制，能者上，庸者下。同时实施“四心”服务，提高群众的满意度：改善服务环境，让群众舒心；提高职业素质和技术水平，让群众放心；畅通服务流程，让群众顺心；开展感动服务，让群众称心。其次，拓展业务，打造计生技术服务新亮点，开展全区计生育龄妇女免费体检活动；深入工地开展“关爱农民工、义诊送健康”活动；全面开展农村免费孕前优生健康检查工作；进村入社举办大型生殖健康知识、艾滋病防治知识讲座，扩大服务范围。

白银区大部分乡镇的村社地处山区，比较分散。韩国浩带领区计生服务站

一班人，坚持上门服务。每到一地，像对待自己的亲人一样，笑脸相迎，开展宣传服务工作。对需要“四术”服务的群众，根据她们的身体状况和本人意愿，帮助选择并落实安全有效的避孕措施。对施行了“四术”及其他妇科手术的患者，认真安排乡镇、村社计生工作人员做好回访工作，发现情况及时处理。几年来，他跟随计生服务车，跑遍全区5个乡镇、45个村、222个社，与广大育龄群众结下了不解之缘。广大育龄群众亲切地说：“韩站长就是我们的娘家人，是我们的贴心人。”

2009年12月的一天深夜，天上飘着雪花，已熟睡的韩国浩被一阵急促的电话铃声惊醒：水川镇桦皮川村一育妇药物流产后子宫大出血，有生命危险，急需抢救！他一骨碌爬起来，冒着刺骨的寒风，坐上计生服务车直冲桦皮川村。凌晨5点多，他拖着疲倦的身躯回到家里，仍然不忘打电话询问病人的情况。得救后的这位妇女逢人便说：“是韩站长救了我的命，他是我的救命恩人！”像这样的例子还有很多很多……他爱岗敬业、吃苦耐劳，只要是工作需要，他就投入百分百的热情，为群众提供便利，不论严寒酷暑还是风雨交加，不管是白天黑夜还是节假日。韩国浩无私奉献的精神和爱岗敬业的工作作风，得到了广大群众的高度认可，他也连续多年被市、区党委、政府和区人口计生局评为“先进工作者”；2009年被甘肃省授予“全省优秀计划生育服务人员”荣誉称号；白银区计生站也被甘肃省授予“全省计划生育技术服务机构示范单位”；2010年，白银区计生站又被国家人口计生委授予“全国计划生育优质服务县级示范站”。

【评语】

韩国浩如同繁星满天的全国人口计生先进人物中明亮的一颗，这些璀璨夺目的明星构成了人口计生事业壮丽的画面，给30年人口计生工作这支雄伟的交响曲中增添了悦耳的音符，激动并且鼓舞着广大人口计生工作者昂扬前行。

一心为民的战斗堡垒

在甘肃省人口计生战线上，有一个一心为民的坚强战斗团队——灵台县中台镇计生办，它先后多次获得全县计划生育工作一等奖，也曾多次获得上级的表彰奖励。这个充满阳光与活力的团队现有 22 名成员，平均年龄仅有 26 岁，年龄最大的不超过 30 岁，年龄最小的仅有 21 岁。22 名成员都是大专以上学历，其中 9 人是本科学历，8 名是中共党员。他们的领头人徐卫东，也是一位“80 后”，参加工作 12 年，一直奋战在基层人口计生战线上。

中台镇虽然是灵台县城所在地，但自然条件比较差，群众分散在东、西、南三个川道里。就是这样一伙年轻人，他们常年奔波在中台镇的山川梁峁，为了党的嘱托和人民的幸福，默默无闻地努力做着自己平凡而又伟大的工作，在基层人口计生服务管理工作中践行着一心为民的工作宗旨。2010 年 5 月份，这个年轻的集体在红崖沟村进行“三查”服务时，查出红崖沟村石窑沟社 39 岁育龄妇女苟红丽患有子宫肌瘤，已经有婴儿头那么大，若不及时手术，后果将会非常严重。苟红丽家境贫穷，过去她没有去医院检查过，疼痛时就吃点止痛药。苟红丽听到自己长瘤的消息时，竟抽抽噎噎地哭起来。徐卫东见状，二话不说，掏出自己身上仅有的 200 元钱递了过去，在场的其他人你 100、他 50，一会儿就凑了 1 500 元钱，交给了苟红丽，叮嘱她要及时到医院进行手术。一个月后，当苟红丽的病治好后，他的丈夫拿着 1 500 元钱来到中台镇计生办还钱时，被这个年轻的团队婉言谢绝了。

杨村得到县乡的扶持，村民建了20座日光温室和341座大棚，每座日光温室年收入近万元，蔬菜大棚年收入4 000多元。数九寒天是大棚蔬菜育苗的关键时期，家家户户都在忙着育苗，而计生户张宝平在建筑工地受伤无法下床干活，妻子既要干农活，又要照顾卧病在床的丈夫，他们家承包的两个日光温室和4个蔬菜大棚没有人手育苗。听到这一消息的包村专干柳丽莉一声电话招呼，21名年轻人一窝蜂地从四面八方赶来，不到一天时间，张宝平家的菜苗就育好了。张宝平一家感激得不知说什么好。短短一年中，中台镇计生办的干部帮助计生服务对象义务劳动就有60多次，为此，他们获得了一个特殊的称谓——中台镇的义务劳动队。

去年7月23日，一场200年一遇的特大暴雨袭击了灵台县，一时间整个中台镇暴露在山洪冲击当中，群众的生命财产危在旦夕。在这紧要关头，正在城关村疏散群众的徐卫东接到命令后，带领计生办21名成员火速赶到中台镇抢险救人。面对险情，徐卫东振臂高呼："男子汉都跟我来救人。"岸上的姑娘们把绳子固定在树上，十几名小伙子跳入湍急的泥石流中救人……天渐渐暗了下来，他们扶老携幼，沿着后山的羊肠小道将29户189名群众全部转移到了山顶上面，在确定没有群众伤亡之后，他们禁不住雀跃欢呼。大灾之时显本色，患难之处见真情，他们用自己的实际行动彰显了心系群众、无私无畏，在紧要关头不惜牺牲自己生命的优良作风，体现了共产党员的先进性。

【评语】

一个年轻的队伍，在人口计生工作战线上无怨无悔地奉献着自己的青春，他们心系群众，一心为民，在关键时候表现出优良的战斗精神和奉献精神，用真情架设起群众与计生工作之间的爱心桥梁，彰显了新时期最可爱的人崇高的精神境界和时代风采。

青海省

屹立在灾难面前的藏族干部

2010 年 4 月 14 日 7 时 49 分，青海玉树州发生里氏 7.1 级强烈地震，造成了严重的人员伤亡和财产损失。面对这突如其来的特大自然灾害，罗松作为玉树州地震灾区人口计生委的一名领导干部，在第一时间了解受灾情况，发放灾区所需物资，稳定了民心，把党的温暖送到了灾民的心中。

大灾之时，危难关头，是对各级领导和广大党员干部的严峻考验，也是对各级组织执政能力和干部作风素质的直接检验。4 月 14 日强震过后，在余震不断的危险关头，玉树州人口计生委党组一班人临危不乱，团结一心，有条不紊地指挥着抗震救灾工作。14 日早晨 8 点半，他正在对邻居实施救援时，省人口计生委党组委通过 189 移动电话询问了玉树受灾情况和计生系统干部职工的受灾情况，并要求玉树州人口计生委领导班子立即着手查看灾情、慰问职工，在第一时间送去组织的关爱。接完电话后，他迅速对所有人口计生委干部职工和家属的受灾情况、伤亡情况进行询问，并及时上报省人口计生委。14 日上午 10 点钟，他冒着不断发生余震的危险，前往受损严重的玉树州民师实施救援，眼前发生的一切让他震惊，但让他感到踏实和欣慰的是，副州长正在现场指挥，武警战士、解放军、警察、教师、学生家长都奋不顾身地投入到抗灾救人的第一线，他竭尽全力投入救援，到下午7点钟成功救出了3名学生。14日晚上8点多钟，他接到州抗震指挥部紧急通知，要求卫生系统和人口计生系统立刻组织已联系到的本系统干部职工，奔赴抗震救灾的第一线，为医疗队、伤员及家属搭建帐篷，解决他们的食宿，并稳定他们的情绪。

虽然他的双手已经伤痕累累，指甲缝里塞满了泥血，但是耳边仍然不断地回荡着“救人”这两个字。他在地震中的表现得到了大家的充分肯定，他的工作得到了同事和群众的赞许。

【评语】

作为一名藏族干部，大难当头深入一线，忘我工作，舍小家顾大家，用生命和忠诚筑就了新时期少数民族人口计生干部的光辉形象。

生命在平凡中闪光

梁春英，一个普普通通的名字，一名普普通通的护士，一名普普通通的共产党员。她曾经是一名光荣的女兵，现在是青海省计划生育科学技术指导中心的主管护士。曾经的军旅生涯赋予她临危受命，坚定刚毅，沉着冷静的性格。尽管她上有年逾古稀卧病在床的母亲需要照顾，下有年幼的女儿需要呵护，尽管当时她还在省级医疗单位进修，但当她惊悉青海玉树发生强烈地震的消息以后，第一时间主动要求去抗震救灾第一线，她希望凭借自己的一腔热情和关爱之情，凭着自己多年的护理技术，为灾区人民早日渡过难关、摆脱伤病折磨奉献自己的绵薄之力，尽一名党员应尽的职责。

通往灾区的道路崎岖而漫长，许多人出现了明显的高山反应，她也不例外。在颠簸了近 15 小时的路程后，她和医疗救护队的其他同志到达了玉树灾区。当她看到美丽的山川变得满目疮痍，温馨的家园化为废墟，天真可爱的孩童失去了双亲，白发苍苍的老人失去了儿女，一个个鲜活的生命凋零陨落时，她克服了高原反应带来的种种不适，化悲痛为力量，化哀伤为坚强，带着疲倦的身躯立即投入到紧张的救护工作中。她忘记了自己是一个娇小的女同志，认真仔细地检查一个又一个伤病员，换药、包扎、输液。在护理病人的过程中，她不怕脏、不怕累，看着一个个转危为安的伤病员，她拖着像灌了铅的双腿席地而坐，吃点方便面，喝口冰冷的矿泉水，然后又毫不犹豫地投入到救护工作之中。她视病人如亲人，细心、耐心、无微不至关心病人的事迹数不胜数……无论多苦多累，她总是脸带微笑以温暖的双手和一颗圣洁善良的心，抚慰和挽救了一个个垂危的生命，驱散了无数伤病员的痛苦和忧伤，她的敬业，她的无私，是南丁格尔精神的真实写照，是一位当之无愧的优秀护士。

在灾区救护的日日夜夜，由于抢救伤病员任务繁忙，她很少跟家人联系。一次接到家里的电话，是她 8 岁的女儿打来的，电话里传来沙哑的童声：“妈妈我想你，你要注意安全，早点回来。”她强忍着泪水说：“乖，妈妈很快就回来了。”那一刻，她是母亲，但更是一名护士，她不是不爱家人，而是无法割舍对灾区人民的深深牵挂，无法割舍对灾区伤病员的关爱。她就是抗震救灾中许许多多舍小家、顾大家奋力抗灾队伍中的普通一员，默默践行着人口计生工作者的神圣职责，默默完成着救死扶伤的神圣使命。

【评语】

真金不怕火炼。大灾面前，把生死安危置之度外，无私奉献，把群众利益放在首位，纤纤弱女，承担起千斤重担，表现出了一名共产党员的先锋模范作用，不愧是人口计生干部的楷模，不愧为浴火凤凰！

奋战在玉树灾区的人口计生队伍

2010年4月14日这一天，是一个令人痛彻心扉的日子，也是一个永远难忘的日子。这一天7.1级的强烈地震顷刻间将青海玉树无数生命掩埋在残砖断墙之下，无数的房屋倒塌在昏黄尘埃之中，幸存的生命在废墟上一声声呼唤亲人，一声声催人泪下，悲鸣、绝望笼罩了整个玉树县的古城——结古镇。在这危难时刻，玉树县人口计生局坚决贯彻青海省委、省政府的决策部署，在县委、县政府和省、州人口计生委的指挥下，人口计生局长尕石英带领全局党员干部不畏艰险，冲锋在前，把人民群众利益放在第一位，视灾情如命令，视时间如生命，临危不乱，沉着应对，以顾大局、识大体、无私奉献的优良作风，弘扬了“大爱同心、坚忍不拔、挑战极限、感恩奋进”的玉树抗震救灾精神。

虽然“4·14”大地震已成为过去，但一幕幕感人的故事和历史画面仍在眼前。地震发生仅30分钟，尕石英就带领幸存的干部迅速赶到受灾最严重的人口计生局会计家。震后统计，全县人口计生系统有多名干部遇难。虽然身边的亲人、同事、朋友一个个离去了，但活着的人要继续为那些被地震夺去家园的人服务。县人口计生局一班人在尕石英的带领下，强压心中悲痛，肩负抗震救灾使命，不顾个人安危，昼夜坚守在抗震救灾工作第一线，留下了许多感人场景。

在地震发生时，局党支部书记、局长尕石英看到楼倒屋塌，突然想起昨晚值守夜班的局干部白玛拉尕和拉占两位同事的安全，便急忙冲进政府办公楼，冒着余震不断的危险，她边跑边喊着两位同志的名字，从值班室门口传出了两位同志呼救的声音，此时她看到值班室的门已被墙体压得变了形，强烈的责任心使她没有时间顾及自己，在与屋里的两人合力把门打开后，她欣慰地看着两位同志没有受伤，于是赶紧左扶右搀离开了危险之地。之后，她和两位同志立刻分别电话联系全县人口计生系统干部，询问并了解他们的情况；对电话联系不上的同志，她亲自带队驱车赶往家中了解灾情。而此刻她又得知自己刚上一年级的小女儿被砸伤了头部，满头是血，于是她赶紧又驱车赶往学校接上受伤的女儿到县医院去包扎。将受伤的女儿托付好之后，她又马上投身到地震伤员的救治工作之中。随后，她又召集局里几位同志紧急召开碰头会议，调查和统计人口计生系统伤亡人数……

次日，她电话联系全局幸存干部职工紧急开会，会上成立了由尕石英任组长的玉树县人口计生系统抗震救灾工作小组，安排部署了抗震自救工作，并把干部职工分成三组：第一组负责对重要文件及珍贵档案的抢救工作；第二组负责调查统计全县计划生育家庭伤亡及财产损失情况；第三组负责伤员救治和配合县上抗震救灾中心工作。17 日她陪同省人口计生委工作组下乡调查受灾情况，回到县里已经天黑，她顾不上吃饭即刻组织局领导干部和党员赴人口计生系统受灾干部家中慰问并送去生活急需用品及全体单位职工捐款，对受灾家庭的困难一一落实解决。

县人口计生局统计员扎西永吉，地震后强忍着被砸伤腿脚的剧痛，第一时间奋战在计划生育抗震救灾第一线，从摇摇欲坠的办公楼中，抢救挖掘出许多珍贵资料及档案，最后终于因腿伤躺在了医院的病床上。然而，稍作处理和休息后，为了家乡和亲人的安危，为了人口计生工作，她又不顾留下后遗症的危险，奋不顾身地奔赴抗震救灾第一线。她那大公无私，不怕牺牲，一心一意为工作的奉献精神，无不感动着每一个人……

“4·14”玉树地震灾害破坏了人们舒适的居住条件和工作场所，但县人口计生局全体干部职工不畏艰难，一边积极组织投入抗震自救，一边积极组织恢复生产生活基本秩序，努力把地震灾害对计划生育工作的损失降到最低点。从全县人口计生工作的实际出发，围绕抗震救灾和灾后重建工作中心，解放思想、开拓创新，采取各种切实有效的措施，尽最大努力保证了党的各项奖励优惠资金按期兑现。自玉树地震灾害发生以来，县人口计生局先后为受灾群众发放帐篷 1 154 顶、棉被 320 床、棉大衣 1 672 件、其他衣物 1 600 件、收音机 11 100 台、炒面 18 吨、大煤 53.5 吨、烤箱 448 套。调查登记了全县计划生育家庭成员受伤情况；救治受伤群众 3 500 多人，保证了人口计生干部职工及计划生育家庭灾后部分生活需求。为此，玉树县人口计生系统抗震救灾工作得到了上级和社会各界的认可。

【评语】

在大灾面前，人口计生干部冲锋在前、决不退缩，与广大群众齐心合力、共渡难关，积极做好抗震救灾和灾后重建工作，唱响了人口计生系统心系群众，服务灾区的高昂凯歌，让人口计生系统创先争优的旗帜在灾区的废墟上高高飘扬，为灾区重建播撒种子与生机，为灾区人民带去希望和阳光。

宁夏回族自治区

创先争优 激发活力

在创先争优活动中，宁夏永宁县人口计生局紧紧围绕“推动科学发展，促进社会和谐，服务人民群众，加强基层组织”的总体目标要求，结合工作实际，科学谋划，扎实推进。人口计生局领导班子认识到，“创先争优”的前提在“创”，核心在“争”，人口计生局应立足本职岗位，立足日常工作，把开展创先争优活动作为一项重要工作。为此，首先要创新服务模式，丰富优质服务内涵，实现服务网络全覆盖。全县乡村服务机构，按照“四优一满意”规范化标准，进行改造、置换和新建，率先在全市建成了以县站为龙头、乡所为依托、村室为基础、覆盖全县的计划生育优质服务阵地网络，使服务职能大大拓展，县人口计生服务机构成为了融宣传倡导、技术服务、政策咨询、信息管理、药具发放、人员培训等“六位一体”的公共服务平台。与此同时，人口计生局创新管理机制，强化优质服务导向，创新工作载体，实行分类指导，加大“统筹”和“服务”类指标权重，引导基层贴近群众需求开展工作，让基层的工作重点逐步从“管理”转移到“服务”上来，以优质服务推进科学管理。

为了使人口文化建设与村民自治、新农村建设、培育新家庭有机结合，人口计生局把计划生育明星户、婚育文明户、科技致富户等制作成明星榜，展示在大型的“三面翻”展示台和固定的计生宣传牌上，不断创新宣传教育的载体

和途径，提高工作的针对性和时效性，并且在清真大寺设立“穆斯林人口文化书屋”，充分发挥宗教人士的辐射带动作用，进一步提高穆斯林群众生殖健康水平。县人口计生局还把服务大局、服务群众作为创先争优活动的出发点和落脚点，积极推进便民维权，发挥基层党组织优势，加强政务公开，由点到面地推进阳光计生行动。实行了“一站式管理，一条龙服务，一个窗口对外”办事流程，为群众简化了办事手续，缩短了办事时间。县人口计生局行政许可窗口连续两次被县行政服务中心评为“红旗窗口”。

在创先争优活动中，县人口计生局把“强基固本”作为主要工作来抓，通过开展主题教育、党性教育、公开承诺、岗位奉献等一系列活动来孕育争创成果，扩大争创成果，转化争创成果，使支部堡垒作用得到了进一步增强，党员先锋模范作用得到了充分发挥，既推动了事业发展，又提升了部门形象。为此，县人口计生局在全县人口计生系统连续开展“六讲六比”活动，“以讲学习为重，比政治素质、比业务素质；以讲事业为重，比贡献、比实绩；以讲大局为重，比风格、比创新；以讲责任为重，比敬业、比效率；以讲纪律为重，比党性、比廉洁；以讲和谐为重，比襟怀、比团结”。“六讲六比”活动讲出了正气，讲出了精神，比出了劲头，比出了效益，大大激发了全县人口计生工作人员弘扬正气、奋发向上、勇于进取的精神，推动了人口计生工作向纵深发展。2010 年，永宁县人口计生局荣获了“全区人口和计划生育目标管理”一等奖、银川市人口和计划生育目标责任特等奖、国家计生协幸福工程“优秀项目县”等奖项，得到了国家人口计生委综合改革评估专家及国家“十一五”人口发展规划执行情况评估组的一致赞誉。

【评语】

以创先争优为动力，结合人口计生工作任务和特点，创新服务模式，丰富优质服务内涵；以创先争优为准则，进一步思想解放、求真务实，团结协作、开拓创新、依法办事，就能够得到党员和群众的拥护，就能够提升单位的凝聚力和战斗力。

沐浴在少生快富春风里

纪秀英出生于宁夏回族自治区同心县河西镇纪家村，这里常年干旱少雨，人畜饮水十分困难。纪秀英姐妹9人，人口多，无灌溉耕地的状况伴随着她走过了19个年头，那时她最大的奢望就是痛快地洗个澡，饱饱地吃顿饭。1991年，纪秀英嫁给了丁塘镇吴家河湾村淳朴勤劳的小伙子吴林。但那时，他们同当地大部分农村群众一样，过着面朝黄土背朝天的日子。如果仅仅是日出而作、日落而息的寂寞生活，他们或许还能忍受，但是饥馑的感觉，像驱不散的阴影一直笼罩着他们。纪秀英与吴林结婚之后，1995年，她的第二个孩子出生了，各种开销一下子增多了，使得原本紧巴巴的生活愈加窘迫不堪，尽管夫妇俩拼命苦干，仍摘不掉贫穷的“帽子”，地里的收入只能勉强糊口，家里没有多余的钱开销，一年到头人均收入三四百元，仅够果腹之用。有时孩子生病，只能向邻居借钱。纪秀英和丈夫住在两间土坯房里，一下雨纪秀英就提心吊胆，生怕房子出危险。那时候，她连一张20块钱的小炕桌都买不起，吃饭只能端着碗。纪秀英说：那时候家里来个客人，给人家倒碗水，水碗都没有地方放。

2003年，宁夏回族自治区“少生快富”工程在他们村开始实施。就是这个时候，村、乡、县的干部来到了纪秀英家。通过干部们耐心的引导，纪秀英渐渐有了一种新思维，望着身体虚弱的孩子，看着年迈的公婆仍在田地里劳动的身影，纪秀英与丈夫细细琢磨起来：父辈们因为孩子多，生活才十分困难，孩子们因为缺乏营养而身体虚弱，自己到老了也没能享上一天清福啊！于是，夫妇二人商量后，成了全村第一批“少生快富”项目户。很快，纪秀英就拿到了政府发放的3 000元奖励金，拿到这笔钱后她们买了两头小肉牛。通过4个月的精心喂养，牛卖掉后夫妇俩净赚了2 000元。尝到养牛的甜头后，夫妇俩接着又买了3头小牛……就这样，养殖规模不断扩大，他们的生活逐渐好起来了，走路也挺起了腰板。纪秀英用赚来的钱添置的第一件物件是一辆摩托车。买摩托车不是为了炫耀，而是为了进一步致富。有了摩托车，就能将苹果及时运送到城里了。

除了参加“少生快富”工程落实奖励资金3 000元，之后相关部门先后对纪秀英进行了多方面的帮扶：如“六个一”补助、新农合参合补助、危窑危房改造、就业技术培训、每年免费体检、圈棚建设、农机购置补贴、沼气池和太阳能灶建设等项目，共计落实帮扶资金近1.7万元。2009年，全区“少生快富”示范户创建时，人口计生部门又为其落实帮扶资金5 000元。同时，农村信用社每年还优先安排小额信贷帮助她家发展生产。纪秀英家的日子渐渐走出困窘，周围那些还在观望的人们开始露出艳羡的神情。这一次，纪秀英又成为家人与乡亲们的榜样。

依靠“少生快富”工程富裕起来的纪秀英夫妇尝到了甜头，在他们的影响和带动下，纪秀英的三个姐妹，丈夫的两个弟弟和姐姐、妹妹都参与了“少生快富”项目，日子过得一天比一天红火，家里也办起了养殖业，买了汽车，跑起了运输。在纪秀英家的影响和带动下，村里许多在观望的农户也主动参与到“少生快富”工程中来。现在该村有80多户参与了“少生快富”项目，大部分家庭靠政府奖励的资金发展养殖业，日子过得一天比一天好。

如今，纪秀英的家里不仅养牛养羊，还买了小轿车，家庭人均年收入从原来的1 500多元达到了现在的1.5万多元。为了感激人口计生部门对她家的帮助之恩，纪秀英特意腾出临街的一间房子作为人口计生文化书屋，各类书籍与宣传品摆放整齐，成为当地人口计生工作的一个村级阵地。

【评语】

“少生快富”为西部大漠带去了盎然春意，也为西部广大民众带去了盎然生机！如今，在西部大地上，千千万万个纪秀英正沐浴在“少生快富”暖暖春风里辛勤劳动、幸福生活。“少生快富”工程折射出人口计生系统在创先争优活动中，心系西部贫困群众，造福西部计生家庭的实践活动。

大连市

为育龄姐妹撑起一片蓝天

颜晓静是辽宁省大连庄河市城关街道办事处计划生育助理，她心系人民群众，情系甜蜜事业，以满腔的热情践行着一名共产党员的神圣职责，用双手为育龄姐妹们织出了一片蓝天。

1976年颜晓静走上了城关街道办事处计生助理的岗位，这一干就是35年。35年来她经历了人口计生工作发展的三个阶段，也经历了老计生人所有的酸甜苦辣。

为了打开工作局面，她跑遍了辖区所有新婚家庭，一家家摸底，一户户宣传，动员新婚夫妇签署晚育合同。为了宣传人口计生政策和生殖健康知识，宣传文明、科学、进步的婚育观念，她牵头成立了庄河市计划生育艺术团，她还自己掏钱租服装，自己做道具，并且结合计划生育方针政策、结合地域特点、民族特色，创作编排了声乐、舞蹈、彩调、小品等文艺作品。艺术团先后深入20多个乡镇进行巡回文艺演出，深受农民群众的欢迎。

近年来，针对辖区内下岗女工越来越多的情况，颜晓静与城关街道计划生育协会，为下岗女工举办了再就业培训班30多期，培训妇女2 000多人次，其中500多名妇女重新就业；并于2001年创办了庄河市第一家下岗女工编织加工基地，为500多名家庭生活困难的下岗女工找到了无投资风险、足不出户就能赚钱的手工艺品加工纺织项目，其中承揽的加工编织活儿，就带来直接经济收

颜晓静指导下岗女工编制腰带。

入360多万元。颜晓静在创办基地中，自己从来不拿一分钱报酬，反而还搭进去1万多元。

颜晓静为人口计生事业挥洒汗水、倾注心血，用自己的实际行动诠释了一名共产党员对创先争优活动的理解。她经常说："我常常在想，人的一生究竟怎样度过才算是有价值的呢？我也常在内心问自己，30多年来，为什么要这样不计得失、不顾疲倦地忙碌着，到底图什么呢？说心里话，我真的不后悔！作为一名共产党员，从面向党旗举起右手的那一刻起，我就暗暗下定决心，不论在多么平凡的岗位上，不论工作中遇到多大的困难，我都要用自己的实际行动去践行一个共产党员的誓言！让组织放心，让人民满意！"她多次被评为"大连市精神文明建设先进工作者"，连续8年被庄河市政府评为优秀公务员，先后多次被辽宁省和大连市评为人口计生先进工作者、优秀妇女工作者、再就业先进工作者、婚育新风进万家活动先进个人、大连市计生战线新时期最可爱的人、辽宁省计生战线十佳廉政标兵、大连市劳动模范。

【评语】

心中装着育龄妇女，围绕育龄妇女的生育、生产、生活开展服务工作，把党的温暖送到千家万户，以实际行动展示共产党员的崇高境界和优秀品德，以实际工作诠释创先争优的精神内涵，这样的基层计生工作者是育龄群众的贴心人，也是推进新时期人口计生工作前进的力量。

让你读懂 “性”

孩子们在看电子书。

性，对于孩子来说是一个懵懂的问题，对于家长更是一个不太好启口的话题。通过社会调查，家长对青少年“性”知识的教育几近缺失，对孩子是怎么来的问题，多数答复为“捡来的”或“从石头缝里蹦出来的”。而学校对“性”的教育问题始终采取规避的态度，因此，青少年缺少正确认知“性”知识的途径和平台。

以群众需求引导服务，是金州新区人口计生人的追求。在创先争优活动中，他们确立了以青少年生殖健康教育为切入点，充分利用区图书馆这一社会公共资源，打造一个现代化、具有全国领先地位的青少年生殖健康公共教育平台。这一工作思路，得到了大连市人口计生委领导的支持和区管委会领导的高度重视，领导批示：“这是

外国友人参观。

小学生实践人体拼图。

一件创意很好的事，请组织好；这是一件破俗的事，请管理好。”2009年7月，青少年生殖健康教育馆顺利建成。展厅面积800平方米，共分7个功能区。形象引导区（主题塑像、形象展示墙）、生殖健康教育区（展板和私密倾听）、休闲咨询区（光盘和宣传品）、避孕知识及药具展示区、艾滋病预防知识区、生命影院——爱的奇迹、互动区（器官组装、精卵相遇、电子书——我的故事、有奖问答、人体拼图）。展馆除了用传统的文字知识进行讲解外，更多的是用一些有视觉冲击力的相关图片来说话，最大的亮点是运用现代高科技声、光、电、多媒体等手段布展，让参观者的视觉、听觉、触觉全方位地参与其中，融入其中，真正体会到互动的乐趣，并在互动参与中学到相关的科普知识。

青少年生殖健康教育中心一经建成，就被确定为学生一日社会实践活动基地。开馆以来，给学生讲解400余场，受教育学生2万余人。同时还制作宣传光碟200个，宣传折页2万份，下发到企业学校，受到了广大青少年的欢迎并产生了良好的社会反响。通过与企业、学校、社区联合，有组织地进行参观学习，提高宣教效果，最大限度地降低了引流产率和非意愿妊娠，最终达到关爱生命、关爱生活、关

国家人口计生委宣教司司长张建(右2)视察青教馆。

爱社会的目的。青少年生殖健康教育馆由于其立意大胆，创意新颖，集知识性、科普性、参与性和趣味性于一身，受到广大群众的欢迎，每天的参观者络绎不绝。从儿童、青少年、新婚、孕妇、孩子家长到70多岁的老人无不交口称赞。同时也得到了各级领导和各界人士的如潮好评，先后接待了大连市委、市政府、人大、政协，辽宁省人口计生委主任、国家人口计生委办公厅、宣教司、宣教中心、全国计生协领导，全国各省市人口计生干部，中荷流动青年性教育干预开发项目推介会与会成员和各界人士近10万人次。《中国人口报》、《健康报》、《大连日报》和大连电视台、大连人民广播电台等媒体，都对此进行了报道。

【评语】

围绕“性”字开展工作，难度可想而知。但是，实践证明，只要人口计生系统敢为天下先，勇于探索创新，善于在群众需求上做文章，善于把创先争优渗透到每一项工作、每一个细节之中，就能在人口计生工作转型期大有可为、再铸辉煌！

青岛市

品牌建设引领胶州创先争优

2010年年底，青岛胶州市人口计生局领导带着慰问金入户慰问计生家庭困难户，解决他们的实际生活困难。

穿行于青岛胶州市的乡镇村落、城市社区，大街小巷，道路两旁的墙壁上随处可见一幅幅色彩艳丽、生动自然、富有生机、图文并茂的人口计生宣传绘画，在给人以美的享受的同时，“党旗高高飘扬，人口和谐发展”等主题鲜明的人口计生宣传口号扑面而来，入耳、入脑、入心，令人过目不忘！这是遍布胶州农村的人口文化墙体画，这种宣传画以现有墙体为底板，因陋就简，用特殊的防晒、防淋、防冻颜料绘制而成，具有造价低、色效长的特点，不但很好地宣传了人口文化，而且美化了农村环境，深受当地百姓欢迎。

开展创先争优活动以来，胶州市大力推行以“人口文化千村行，国策计生展新貌”为主题的“人口文化宣传长廊”建设，各镇街涌现出的人口文化长廊如一股清新的人口春风吹遍胶州大地，带来了焕然一新的可喜变化。这也是胶州市立足青岛争位次、面向全国创先进，着眼于打造“活力人口，效率计生”品牌，创新农村人口计生宣传阵地建设的一项重要举措。2010年，胶州市877个村（居）、社区全部绘制了人口计生宣传墙体画，打造出400余条“人口文化宣传长廊”，将农村人口计生宣传阵地建设由过去单一的“标语口号”提高到形式更活、意义更广、效果更佳的层次和水平。2011 年 1 月份，青岛市人口计生宣传现场会在胶州召开，进一步推进人口文化主题公园和人口文化广场建设向深度和广度拓展，着力将胶州打造成“青岛市人口计生宣传先导示范区”。

2010 年 5 月，青岛胶州市启动计生关爱惠万民暨计生大戏乡村行活动。

胶州市的活力人口目标有两个：一是确保人口计生工作有声有色，使全市人口长期均衡发展有活力；二是确保人口计生干部队伍建设有活力，从提高他们的政治、业务、服务素质入手，不断加强思想作风建设，激发他们的工作热情和斗志，增强队伍的战斗力和执行力，为创先争优提供组织保障。效率计生就是要体现工作上的效率，体现创先上的效率，体现争优上的效率。瞄准一流的工作目标，创造一流的工作业绩。为此，胶州市围绕品牌建设，推进创先争优。一是加强党员干部队伍建设，深入开展“机关作风效率年”活动，要求每名机关干部与局党委签订“五项要求”承诺书，设立“党员先锋岗”和“党员示范窗口”，引导机关干部在“创先争优，争做计生服务先锋”中实现自我价值；二是创新基层党组织建设，胶州市人口计生局党委通过组织部门，率先对全市 18 个镇（街）计生办党支部与当地党委一同实施“双重管理”，直接调度，通过党组织关系有机整合，将市、镇两级的人口计生系统部门、单位联系在一起，实现了组织关系、业务工作、考核评比的无缝对接，大大提高了工作效率和服务质量。

计生就是民生，民生就是责任。“组织创先进，党员争优秀，群众得实惠”是创先争优的根本出发点和落脚点，为此，胶州市扎实开展了“高扬党旗，走进百姓”主题实践活动，党员干部万人下乡大调研，大力实施“计生服务惠万民”工程，将人口计生经常性工作融入到民生建设之中。设立行风监督平台，开展“一线一箱话计生”活动（网上 QQ 监督热线和局长信箱），广泛征求社会各界对人口计生工作的意见建议。在胶州市行风政风评议中，人口计生工作一直位居全市前列；2010年，在青岛市人口计生责任目标考核中胶州市位居首位，青岛市先后两次在胶州召开人口计生工作现场会；胶州市人口计生局党委被授予“先进基层党委”等多项荣誉称号；“活力人口，效率计生”被评为“胶州市十佳党建品牌”；《光明日报》、《中国人口报》、《青岛日报》分别对胶州市创新性做法予以报道。2010年，胶州市还一举荣获“全国计划生育优质服务先进市”和“全国计生协会工作先进市”两项国家级荣誉。

【评语】

把“组织创先进，党员争优秀，群众得实惠”作为创先争优的根本出发点和落脚点，遵循“计生就是民生”的工作理念，锐意创新，积极进取，在人口计生宣传教育等方面积极探索创新，胶州市创先争优活动不仅为青岛市人口计生工作做出了表率，也为全国各地做出了表率。

“311 工作法”的创立者

提起薛爱芳，群众无不竖起大拇指，用育龄群众的话说，“她是一个真正的好干部，好党员”。从 1980 年开始，她干了 31 年计划生育工作，是农村计划生育史的见证人，也是国策忠实的实践者，更是“311 工作法”的创立者。她获得过国家科技进步二等奖，还获得过山东省计划生育先进个人、青岛市委、市政府“双十佳”先进个人。

20 世纪 90 年代，薛爱芳和她的同事在长期的工作实践中，总结出了一套“三服务、一评估、一公开”的工作方法，这就是后来在胶州实行、在青岛推开并在全国交流的“311 工作法”。“311 工作法”的实行是将整个计划生育工作从源头上抓起的一个非常有效的工作措施，时至今日仍具有较高的实行价值。“311 工作法”得到了中国社科院专家的认同，1996 年被评为国家“软科学课题二等奖”。

2009 年青岛三里河办事处薛爱芳主任和工作人员一起研究工作。

1986 年初冬季节，得知一妇女在婆婆的压力下想计划外怀孕，薛爱芳就去找她的婆婆做工作。婆婆在院子里压井水，不吭声也不搭理她，水压了满满一盆，端起来兜头冲薛爱芳泼下去。薛爱芳站在寒风里，脸上淌的不知是井水还是泪水。被人一再羞辱，已练就她越来越坚强的承受力。她说，自己做的是党的事业，执行的是党的政策，虽然艰难但是光荣，群众总有一天会接受！党是她信念的支撑，是推动她的力量，她情绪稳定后继续讲政策说道理，连续 6 次登门说服教育，终于使这一家受到感动，自觉实行了计划生育。2009 年，薛爱芳从干了 30 多年的计生办主任岗位走上了办事处副主任的领导岗位，同时兼任计生办主任。多年的计生工作让薛爱芳看到，农村群众的养老问题是一个十分急迫的民生问题。薛爱芳协调社会劳动保障局，为独生子女父母办理补充养老保险，办事处为每个参加保险的家庭补助 100 元，基本保证了他们晚年的基本生活费用。30 多年，她舍小家、为大家，始终把群众利益放在心上，一心扑在计划生育事业中；她不畏艰难，敢于突破，为计划生育事业做出了突出贡献，用实际行动诠释了一位基层计生干部忠于党、忠于人民的坚定信念和爱岗敬业、任劳任怨的高尚情操。

【评语】

从薛爱芳身上，可以看到计生工作者的艰辛和伟大。她们把党的宗旨放在心中，把毕生奉献给人口计生事业，她们是平凡的，因为没有轰轰烈烈的大事，她们又是伟大的，因为在我国人口和计划生育历史长卷中，有她们留下的足迹。

宁波市

用心谱写和谐曲

宁波市人口计生委张爱琴主任在基层与外来育龄妇女交流她们的生育、生活情况。

“其实，我们的心可以像星空一样宽广，也可以如发丝一样细微，前者让我们在考虑问题时站得更高、看得更远，后者促使我们的工作更加细致入微。人口计生工作涉及千家万户，关系到千秋万代，我们应该用心去探索、去实践。”宁波市人口计生委主任张爱琴如是说。从事人口计生工作8年来，张爱琴以真挚的情怀和卓越的见识诠释了以人为本、用心服务的内涵。

张爱琴永远忘不了那次去山区调研时的情景。那是5年前的一个41℃高温的炎热夏天，她来到宁海一个僻远的高山小村进行计划生育奖扶调研，“当车子还在盘山公路行驶时，我抬头看到山上村口站满了群众。一下车，群众就围上来，用双手拉着我，连声说政府好，那么多年了，还记着他们，老了还给他们发钱。那种感激的眼神，那种质朴的语言，让我在一瞬间，明白了自己是党的化身，是政府的代表”。张爱琴强烈感受到了人口计生工作的神圣性，体会到了自己肩上的责任。

“30年来，宁波市少生了280万人，这个数字的背后是成千上万个家庭做出的奉献。如今，国家经济发展了，政府不能忘记那些因为国家大局而牺牲小家利益的群众”，张爱琴是这样认识的，也是这样向高层倡导的。2005年，在全国刚刚进行奖励扶助工作试点时，宁波市就全面实施了农村部分计划生育家庭奖励扶助制度。从2006年至今，宁波市的奖扶政策不断提标扩面，奖励标准全国最高，一些县、区实现了奖扶政策城镇一体化，形成了具有宁波特色的“少生奖励、服务免费、待遇优惠、贫困扶持、困难救助、社会保障”六位一体的人口计生惠民政策体系。

改革开放以来，宁波市外来务工人员有规模扩大、稳定趋强、需求递进和思想活跃的趋势，对整个社会结构产生了重大影响。如何更好地服务和管理好外来务工人员？在多次到流动人口聚集地进行调研后，张爱琴从三个层面立体推进这项工作，形成了“宏观统筹和保障、中观协同和推进、微观落实和自治”的运作架构。在宏观层面，极力倡导高层把外来流动人口服务管理工作提到全局性、战略性位置予以整体谋划部署；在中观层面，坚持全社会协同，广泛形成本地人、外地人都是宁波人，都是和谐社会的建设者，都是发展成果的共享者的共识；在微观层面，宁波市人口计生委于2004年在全国首创了“属地化管理，市民化服务”模式后，继而又提出“市民化服务、属地化管理”，实行“均等化服务、科学化管理”，并把流动人口“六个均等化服务”作为实现市民化服务的重要途径，在服务中体现管理，在服务中成就管理，有效促进了新宁波人婚育观念的转变。

针对宁波市不断走低的生育率、日益复杂的人口发展态势、家庭问题不断凸显等情况，张爱琴大胆提出了在家庭视角下开展人口计生工作这一思路，制定了“确保家庭生殖健康与权益，倡导合法生育，促进人口素质提高，实现人口优化”的工作目标，明确了“以人为本，以家庭为基础，面向健康与亚健康人群，致力于家庭计划、生殖健康、家庭保健”的工作定位；工作方法从关注育龄妇女转变到关注全员人口，从关注人生阶段到关注生命周期全过程，从关注单体到关注单元。目前，全市计划生育服务机构建立了集咨询、预约、查询、告知、随访、提醒、投诉建议、满意度调查等八大功能于一身的宁波市人口家庭12356服务中心。

要实现人口计生工作“大转身”，干部队伍是决定性因素。张爱琴内促外引，高度重视系统内的教育培训工作，狠抓思想作风建设，积极开展保持共产党员先进性教育、创先争优、“三思三创”等活动。张爱琴说：“克己的人是高尚的人，选择中学会放弃；知足的人是常乐的人，知足中找到平衡；感恩的人是幸福的人，回报中寻求快乐；遵纪的人是自由的人，约束中放松心灵。”在张爱琴的带领下，宁波市人口计生系统不断创新，创造了一系列为全国同行所赞许的佳绩：“属地化管理、市民化服务”流动人口计划生育服务管理模式被写入 2006 年颁布的中央《决定》；宁波市人口计生委先后获“全国农民工工作先进集体”、“宁波市人民满意的公务员集体”等殊荣，并且连续 5 次被评为宁波市民主评议机关先进单位；宁波市被授予“婚育新风进万家示范市”、“全国人口和计划生育综合改革示范市”等荣誉。2010 年，张爱琴荣获浙江省马寅初人口奖。

【评语】

一位人口计生领导，善于用心、用情、用力工作。用“心”思索，做到思想、思维、思考的有机统一；用“情”沟通，做到感情、热情、激情的有机统一；用“力”落实，做到实干、能干、巧干的有机统一。掌握了这三大法宝，人口计生工作将如虎添翼、不断腾飞。

她是新时期最可爱的人

徐优群是浙江省宁波市北仑区新碶街道计生办主任。她从事人口计生工作20年来，从最基层的上阳乡计生管理员干起，先后在白峰镇、梅山岛、新碶街道等地负责人口计生工作。在工作中她注重发挥党员模范作用，以乐于奉献、敢于拼搏、勇于创先的精神，全身心投入到人口计生工作中，她的足迹踏遍了4个乡镇、街道的田间地头，走千家，访万户，尝尽了数不清的酸甜苦辣，赢得了广大干部群众的赞誉。

“计生工作一定要干好，不能让别人看笑话，哪怕付出得再多，也要坚持。”这是徐优群1990年刚开始从事人口计生工作时，经常给自己鼓劲的话。此后，她常年累月奔忙在人口计生工作一线，白天顶着火辣辣的太阳跑村串巷，晚上追着满天星星进门入户。

徐优群在工作中坚持一个“实”字，强调一个“细”字，力求一个“快”字。人口计生工作千头万绪，经常需要加班，她每年把1/3的节假日都用在了工作上。2010年10月的一天，徐优群发着高烧，身体十分虚弱。在医院输液刚刚输了一半，她就要求医生撤针。原来，这天街道要举办男性专管员培训班，她还要赶去讲课。医生不同意，后来她自己拔掉针头，急匆匆赶去授课了。加班加点对徐优群来说是家常便饭，人口计生部门的统计报表多，这些都是精细活，

统计数据稍有失误，会给上级部门决策造成失误。由于白天事务性工作多，她便利用中午和晚上时间加班，常常要忙到深夜，但她总说，只要人口计生工作能做出成绩，再多的工作也不觉得累。

徐优群最初并不懂计生技术，从1993年起，她通过刻苦钻研，虚心请教，逐步掌握了B超检查技术，并能达到和专业医生同等的水平。多年来，经她亲手检查的育龄妇女不下10万人，在检查中许多妇女被她及时发现疾病，得到治疗，从而摆脱了疾病的困扰。她还自学了人口计生法律法规和人口知识，不断充实自我，开阔眼界。2008年以来，她亲自担任讲师，积极投身到北仑区开展的“流动人口婚育课堂村村行”活动中，深入农村、学校、企业、工地授课，与外来育龄群众面对面交流沟通，促进外来育龄群众婚育观念的转变。

徐优群十分善于给领导当好参谋助手，力求在人口计生工作中有创新、有突破。在她担任乡镇计生办主任期间，创造了全区人口计生工作多项第一：组建了全区第一批流动人口男性协管员队伍；成立了全区第一家计生协会联合会；全区第一批解决老计生管理员养老补助问题。针对所在的街道有20多万外来流动人口这一现实，她还成功地探索出了“家居型社区管理模式”、“散居型农村区域化社区管理模式”、“混居型以外管外自治管理模式”和“工业型企业区域化管理模式”。这些新型计生服务管理模式，受到了国家人口计生委、浙江省和宁波市的关注与推广。

徐优群对自己高标准、严要求，

在创先争优的道路上取得了一项项骄人的成绩：她连续 15 年被评为北仑区计划生育先进工作者，先后荣获全国“婚育文明进万家”先进个人、浙江省计生协会先进个人、宁波市十佳乡镇先进工作者，多次被乡镇街道评为优秀公务员。

【评语】

心系国策，知难而上，将青春奉献计生；满腔赤诚，勤学苦练，从外行成为内行；一心为民，优质服务，把群众当做亲人；一路脚印，一路辉煌，用生命践行争创。徐优群的奋斗历程，浓缩了全国基层广大人口计生干部在人口计生领域中不懈奋斗、风雨兼程的人生轨迹，描绘出了新时期最可爱的人的精神风貌。

厦门市

一片丹心为计生

洪根树在指导帮扶对象发展生产。

在厦门市翔安区马巷镇蔡浦村有一个老党员，70岁高龄了，他几十年如一日辛勤耕耘在计划生育工作岗位上。去年，病倒在了工作岗位上，他被查出患有多种疾病，子女们苦苦恳求他从计生岗位上退下来，他就是不肯。病情稍有好转，他又拿起那个破旧的公文包，颤颤巍巍地奔波在落实国策的道路上。他，就是马巷镇蔡浦村计生协会专职副会长洪根树。

洪根树常说："人生在世，最重要的是要对得起自己的良心，既然端起了这碗公家饭，就要对得起老百姓。"为了做好帮扶摸底调查工作，洪根树常常顾不上家里的农活，甚至顾不上吃饭，带着协会小组长一起深入计生困难户家中，详细调查了解每个二女扎户和独生子女户的情况和致富思路，保证把帮扶资金送到最需要帮助的计生困难户手中。帮扶资金发放后，洪根树利用自己几十年来的农村工作经验出谋划策，想办法帮助帮扶户找出适合自己的致富项目，并与帮扶对象结成对子，积极协调有关部门，为帮扶户提供技术扶持和信息服务，使村里的二女扎户和独生子女困难户脱贫致富。洪根树还说："做好计生工作，不能仅靠公正无私，不能单靠行政手段，要想杜绝早生、超生，更要靠细致的工作，靠爱心去扶持。"为此，他从扶贫帮困入手，积极争取村两委和各级有关部门的支持，想方设法帮助贫困的村民走少生快富的道路。2005年以来，蔡浦

蔡景祥到洪根树家中慰问。

村每年都投入资金为二女户和独生子女户办理农村合作医疗保险；为符合再生育条件自愿放弃生育的夫妻发放贡献奖；优先把计生困难户纳入最低生活保障范围，并给予每户 120 元的慰问金；依托企业在村周边落户的优势，优先帮助计生家庭到企业务工；自愿放弃再生育的家庭和二女户子女被大专和本科院校录取的，给予助学金奖励。

二女户洪海民夫妇的两个女儿在小学读书成绩优异，但家庭十分困难。每逢开学，洪海民夫妇都要四处筹钱，常常为没钱交学费而难过得掉眼泪。洪根树得知这个情况后，不仅自掏腰包帮洪海民的两个女儿交齐了 3 年的学费，还帮洪海民申请了 1 000 元的帮扶资金，并且请来一位师傅教洪海民做建筑模板技术，帮助洪海民从一个不能解决一家温饱的建筑工人成为了一名建筑模板商。2006 年，洪根树还帮助洪海民承接了建筑模板业务，使这个家庭的经济彻底翻了身。现在，孩子读书的学费对洪海民来说已不成问题，他深有体会地说："在农村二女户一直被人瞧不起，要不是有洪会长帮我，我一直都抬不起头做人啊。"

洪根树默默耕耘、努力工作，赢得了育龄群众的尊重和爱戴。他多次被评为区级计生协会先进工作者，2005 年还被中国计生协会评为先进工作者。蔡浦村也从 20 世纪 90 年代的计划生育"钉子村"一跃成为厦门市远近闻名的计划生育工作合格村，1998 ~ 2008 年连续 10 年被评为计划生育合格村。

【评语】

"春蚕到死丝方尽。"洪根树年过花甲、身患多种疾病，但他如同计生战线的一头"老黄牛"，辛勤耕耘不计报酬、不计得失、心怀百姓、心怀人口计生事业，这种春蚕与黄牛精神感天动地。

“健康家庭”促进行动惠家惠民

通过开展“健康家庭”促进行动，在社区设立“健康屋”，为群众开通接受人口、科普、健康宣传服务的便捷渠道。

厦门市思明区将创先争优活动融入人口计生工作之中，积极树立典型、挖掘亮点、打造品牌，赢得了全区人口计生工作年终考核“五连冠”，连续7年保持“全国计划生育优质服务先进区”称号，2010年在全市率先通过“全国人口早期教育示范区”省级验收，获得全省首批“人口和计划生育综合改革示范区”称号。

思明区从促进人的全面发展战略高度出发，在全市率先启动“健康家庭”促进行动，以健康宝贝、青春护航、伊甸乐园、金秋保健等为主要内容的“八大系列”活动为载体，打造大人口社会公共服务体系。区人口计生局积极开展健康问卷调查，制作发放“健康家庭”指导手册，推出首批34个“健康屋”社区，根据各个社区的自身特色，开展如“老人爱心餐桌”、“心灵驿站”等形式多样、促进健康的活动，并且启动“思明区首届人口文化节”，健康家庭评选、健康宝贝DV秀等群众互动的人口文化活动。“健康家庭”促进行动，成为思明区创先争优活动的一个闪亮品牌。另外，针对不同人群，还创立了“职业化队伍培训超市和健康讲座超市”，以“职业化队伍培训超市”为平台，组织各社区开展统计口径、政策法规、技术服务等业务培训以及国家生殖健康咨询师、育婴师、营养师等职业化培训，同时制定有效奖励激励机制。以“健康讲座超市”为平台，组

邀请国内著名早教专家郭建国开办早教讲座，现场指导年轻父母做亲子互动操。

建早教专家组、健康使者专家库、人口文化讲师团，根据群众所需提供菜单式服务，进企业、进社区、进学校开展义诊咨询，举办人口早教、青少年和中老年人身心健康大型巡回公益讲座。

大力倡导“一街一特色、一居多亮点”，创新流动人口协会、行业协会、特色小组、房东协会等自治组织新形式，在基础好的社区先行试点，树立典型，以先进带后进，在全区掀起你争我赶的争先热潮。如开元街道湖滨社区的“五牵手互助”、莲前街道莲薇社区的“健康家庭、和谐社区”的特色计生协会小组活动以及鹭江街道营平社区的“综合治理创星级活动”等特色活动，在全省人口计生工作会上进行交流。

思明区还围绕民需、民生大力实施“五大工程”，不断以优质服务提升创先争优活动的层次。先后投入 2 120 多万元打造服务站，使建设规范化、科室设置齐全、医疗设施先进、流程合理，环境舒适；引进专业技术人才，实行弹性工作制，提高技术服务质量；区婚姻登记服务中心为群众提供“一站式”服务，每对新人可以享受人口计生、卫生部门提供的包括婚前医学检查、优生检测、出生缺陷一级预防筛查、产前筛查等价值 600 多元的免费服务“大礼包”，使全区婚检率已提高到目前的 98%以上；建立了全区出生缺陷一级预防高危人群数据库，制作发放优生检测、出生缺陷一级预防筛查代金券和优生优育指导手册，出生缺陷发生率由 2006 年的 8.33‰下降到目前的 6.09‰；依托一流的区早教指导服务中心、20 所“早教示范基地”、10 所“街道早教指导中心”和各社区早教服务点，开展优生优育、科学育儿、生殖保健等方面的服务，将公益性、普惠性的优质科学育儿指导服务送到每个家庭；人劳、人口计生、社区等部门主动联系用工单位，联合举办就业招聘会，开通“周末就业大篷车”，免费开展家政、育婴师、月嫂等多项职业技能培训，努力解决就业难问题，为全区经济社会的健康发展创造了良好的人口环境。

【评语】

以“健康家庭”促进行动为平台，将创新宣传、优质服务、队伍建设、群众自治等各项工作融入其中，努力将创优争先活动贯穿于人口计生工作的始终，营造出争先创优、永不止步、开拓进取、永无止境的浓厚氛围。

深圳市

用关爱破解计生难题

深圳市宝安区人口和计划生育局宣传教育科科长史闯参加宝安区“一街道一特色”公共服务项目之一的启动仪式，力推用“关爱”破解流动人口服务和管理工作。

现任深圳市宝安区人口计生局宣教科科长的史闯，是中共党员，研究生学历，他已在“天下第一难”的人口计生岗位工作了11个年头。史闯先后在宝安区计生协会和区人口计生局流动人口管理办公室、综合计划科、宣传教育科工作，人口计生业务过硬，工作水平高，曾被中国计划生育协会评为“全国计划生育协会先进工作者”。

“善于结合理论实践，敢于开拓创新举措，为人亲和有说服力”——这是基层人口计生干部对史闯的一致评价。宝安区总人口为470.97万人，其中流动人口415.57万人，占全区总人口的近九成。流动人口计划生育工作是全区人口计生工作始终绕不开的难题和压力点。如何破解流动人口“现居住地管理”难题，成为史闯经常思考的一个问题。史闯认为，要做好流动人口计划生育服务管理工作，不能仅仅将他们作为工作的重点目标人群，更要给予他们关爱与服务。

2010年暑假，“祝你生日快乐”的乐曲在一群8月份生日的留守儿童生日会上响起，这是宝安区人口计生局开展的“一街道一特色”项目之“彩虹家庭”服务活动之一。除此之外，邀请心理咨询专家为计生留守家庭开展亲子交流教育课程；组织留守家庭到深圳明斯克航母和大梅沙旅游；在社区生育文化中心开设“留守家庭”亲子视频服务；为计生留守家庭提供家庭大礼包，包括儿童书包、书籍、亲情电话卡、衣服、手电筒、小风扇等。这些活动旨在建立沟通亲子关系的绿色桥梁，引导留守家庭儿童保持健康心理，为来深建设者分忧。2010年度，像这种内涵丰富、广受群众欢迎的“一街道一特色”公共服务项目，宝安区已经创建了13个，个个浸透着史闯和同事们的努力和智慧。根据史闯倡导和推行的“以共享之心，行关爱之举”的工作思路，宝安区逐步从关爱外来劳务工延伸到关爱来深建设者的家庭和贫困计生家庭等各类型群体。史闯认为，做好流动人口计划生育服务管理工作，首先应从流动人口切身需求做起。生殖健康需求是人的最基本需求，生一个健康孩子，并让孩子健康成长是所有家庭的共同愿望。于是，让来深建设者了解科学的生殖健康知识，成为生育文化中心建设的目的。在这里，书籍、音像、咨询、网络、讲座，获取知识的方式多样。目前，宝安区已建设了151家社区生育文化中心。为了充分发挥生育文化中心这个人口计生公共服务平台的效能，史闯带领宝安区人口计生局宣教科跑遍了各个社区、厂区，按照“哪里流动人口多，生育文化中心就建在哪里”的选址原则，寻找最优的建设地点。目前宝安区社区生育文化中心已经开始运作三大模式：一是优化整合政府和社会资源的运作模式；二是政府采购服务运作模式；三是“军地共建，优势互补”运作模式。据统计，2010年度宝安区151家社区生育文化中心共举办生殖健康讲座14 000多场，近100万人次劳务工享受到免费咨询和避孕药具服务。宝安区社区生育文化中心的成功运作取得了明显的社会效益。

【评语】

“社区生育文化中心”，破解了外来人口聚集地的服务管理难题，新一代知识型计生人，用自己的学识和智慧，勇于开拓创新，用自己的责任和爱心，造福流动人口，不愧为新时期人口计生工作的时代先锋。

“天使”之歌

深圳罗湖区计生服务中心党支部，紧紧围绕“构建和谐计生，造福育龄群众，建设幸福家庭”的目标，积极开展“创先争优”活动，不断提升综合服务水平，谱写了一曲曲优美的“天使之歌”。该中心先后获得“全国婚育新风进万家先进单位”，市计划生育“三星”级服务机构，省、市“巾帼文明示范岗”，省计生甲级站，市人口计生科技工作技术服务先进单位等荣誉，在罗湖区2010年政风行风评议活动中总分名列前茅。

这个服务中心“把计生服务送上门”是一项坚持了20多年的传统。中心针对不同的对象设定不同的主题，比如，翠竹街道珠宝企业多，就为年轻劳务工开设“同伴教育”讲座；而巴士集团的已婚已育员工多，中心就邀请教育专家向年轻父母传授“如何成就孩子未来”的科学教育观念及方法；为了让更多的居民从中受益，中心多次把服务时间安排在了周末，从来没有一位员工抱怨，没有一位员工缺席；社区、大学、军营、企业……到处都留下了中心同志辛勤的足迹和亲切的笑容。

罗湖的83个社区里，粉红色外墙的社区生育文化中心显得格外温馨，中心女医师、青春健康基础的金牌主持人李鸿敏就是那些“温馨家园”的常客，她与生育文化中心的同志一起策划开展普及新型生育文化活动，并直接为育龄群

众提供咨询服务，很多育龄妇女甚至年轻女孩都与她交上了朋友。

从2000年开始，中心开设了网站，率先在网上开展个性化、零距离、交心谈心式的服务，解决了有些群众没有时间就诊、有隐私问题不好当面咨询等难题。比如，辖区一名妇女生病后到医院打了吊针，事后才知道自己怀孕了，她担心输液对孩子有影响，再次到医院检查时，医生明确告诉她输液对孩子影响很大，建议她不要孩子了。这名妇女本来身体有问题，很难怀上孩子，不舍得打掉孩子，就到网上婚育学校向计生中心医生咨询。医生在了解情况后，让她把所有资料带到中心，通过认真分析病情，发现生病时间是在怀孕前，药物对胎儿没有任何影响，结果这名妇女生下来一名健康的孩子，她对中心医生感激不尽，逢人就说中心的医生是保下她孩子的“天使”。自婚育网站开办以来，已有近万名群众难以启齿的生理问题，都到网上解开了心结，许多网友还和网络小组的同志结交成好友。

该中心认真贯彻国家人口计生委“提升出生人口素质，建设幸福家庭”的战略要求，2004年开始启动了出生缺陷干预工程，此项工作对中心检验室人员要求很高。为此，中心专门聘请了高层次检验人员，建设了专用实验室。为了攻克难关，确保检验结果准确可靠，检验室的同志采用多种方法进行测试，对测试结果可疑和阳性的对象不厌其烦地反复查验和对比，并且主动放弃休息时间外出学习培训，还多次邀请省及市里的专家来对实验室的操作规程进行审核，以进一步提高诊断的准确性。目前，中心已对超过2万对优生服务对象进行了出生缺陷筛查，筛查出可疑病例2 000多人，并对患有严重出生缺陷的胎儿采取了终止妊娠，有效降低了出生缺陷的产生。

针对当下如何教育孩子让很多家长头疼不已的现状，根据广大家庭的需求，罗湖“三优”（即优生、优育、优教）研究中心应运而生，并且建立了专家库，聘请国内有关专家15位，通过“三优”大讲堂的形式，向群众广泛进行宣传优生、优育、优教知识。2010年以来，“三优”大讲堂已举办了20期讲座，近2万多人次参与。同时还把“三优”服务推进到社区，培训了百名“三优”服务大使，通过他们联系了1 300户新婚未育家庭，签署“三优”服务知情同意书，为每个签约家庭提供为期5年的“三优”跟踪随访服务。现在，走进罗湖的大街小巷，育龄群众都知道“孕妇服用碘和补充叶酸”等优生意识，优生、优育、优教正逐步成为群众一种自觉的行为。中心同志的贴心服务更是赢得了广大群众的赞誉，大家都亲切地称呼他们为建设幸福家庭的美丽“天使”。

【评语】

通过不断探索创新，根据本地区实际，实现人口计生工作的两个转变和理念的转型，抓住群众的需求和工作的生长点，就能在新时期找到奋斗的方向和目标，就能成功实现人口计生工作的转型，就能使人口计生工作者成为群众心目中的“天使”，就能使创先争优活动在新的条件下如火如荼地开展，就能在新的形势下取得新的成果。

新疆生产建设兵团

弘扬兵团精神 展现计生风采

兵团农二师27团人口计生办人员深入田间给育龄群众送宣传、送药具服务。

新疆建设兵团农二师27团党委高度重视人口计生系统创先争优活动，以“阳光计生行动”为主题实践活动，书写了“我为党旗添光彩、我为团场做贡献、我为群众谋幸福”的和谐乐章。首先，将全团人口计生专干和基层计生员纳入机关和基层党支部创先争优活动中，制定个人“公开承诺”标准，由所在党支部和人口计生办审定，与单位党员干部“公开承诺”同上墙、同公开。各基层党支部结合实际，开办了“履行承诺”点评栏、展示栏、宣传栏、心得栏和人口计生政务公开栏，统一为全团计生党员干部制作胸牌，和设置“共产党员先锋岗”，真正做到“一名党员一面旗帜”。其次，对每个计生党员干部“履行承诺”情况，纳入单位支部评议监督和人口计生系统“请群众评计生”、“请流动人口评计生”双向考评制度，虚心听取职工群众意见建议，有针对性地制定措施，着力解决职工群众反映的突出问题。通过创先争优活动，在人口计生系统形成了“学习先进，崇尚先进，争当先进”的良好氛围。同时，组织入党积极分子、新老党员上党课，重温入党誓词，邀请老党员、老军垦和先进模范演讲，回顾兵团奋斗

兵团农二师27团召开2010年奖励优惠政策兑现大会。

史和发展史。举办了“唱响兵团精神、计生协会是我家”红歌大合唱比赛，“和谐家庭”表彰、知识讲座、妇女巧手展、人口计生黑板报和手抄报比赛等系列活动。在创先争优活动中，以群众的需求为出发点，以人口计生政策法规、优惠政策、关爱女孩、避孕节育/生殖保健宣传为重点，每逢节日和活动月，团、连计生协采取多种宣传形式，统一行动，在闹市或人口学校、生育文化大院或小区一隅、田间地头或走家串户，大力开展送宣传、送知识、送服务活动，把党的关怀和温暖送进千家万户。通过创先争优活动，进一步激发了27团人口计生工作者的责任意识和工作热情，展现了基层人口计生工作风貌，促进了全团人口计生工作提质提速。2008年度27团被评为农二师“计划生育优质服务先进团场”；2009年被评为农二师“人口和计划生育先进团场”；2010年被评为兵团“计划生育优质服务先进团场”、农二师“人口和计划生育达标先进团场”。

【评语】

唱响党员干部投身创先争优活动主旋律，激发人口计生工作者的工作热情，展现兵团人的精神风采，描绘兵团创先争优活动的缤纷画卷，促进人口计生工作飞跃发展。

胡杨的女儿

肉孜汗·达吾提今年55岁，生于夏河长于夏河，是新疆生产建设兵团农三师五十团夏河营专职计生宣传员。夏河向东南不出10公里，就是浩瀚的塔克拉玛干沙漠。在许多年里，夏河是“贫困”的代名词。就在这样一个地方，居住着兵团农三师五十团7个连队8 000多名刀郎人。艰苦的生活环境和兵团人的帮助，使肉孜汗·达吾提从小就在心头播下了坚强的种子，倔强的维吾尔族女孩懂得了什么叫向命运抗争，也懂得了什么叫幸福生活。结婚后，肉孜汗·达吾提认定多生孩子未必是福，当时在夏河营人看来，这是一个多么荒诞的想法呀！20世纪70年代末和80年代初，民族地区允许少数民族生育3胎，但肉孜汗·达吾提只生了两胎就主动落实了节育措施。有文化、有理想的她成为了五十团当时唯一一个维吾尔族女计生专干，在那个最难开展工作的夏河营，肉孜汗·达吾提接受培训后开始了她宣传国策的专职工作。殊不知，这是一条充满了艰辛的坎坷之路。要给当地男男女女用通俗易懂的语言开展计划生育宣传，那个难度常人难以想象。当她在一个个黄昏把一包包避孕药、一袋袋避孕套塞到年轻羞涩的小媳妇们手里时，男人们却恼了，到了肉孜汗·达吾提上门服务的时候，他们放出狗来，撵得肉孜汗·达吾提惊恐乱跑，而那些男人们却躲在角落里偷笑。一天，五十团医院院长下连队检查工作时，远远看见肉孜汗·达吾提高卷着裤管，浑身尘土，手里拖着一根长长的打狗棍，正挨家挨户行使她的计划生育宣传职责，院长十分感动，他回家把自己的自行车送给了肉孜汗·达吾提，从此，肉孜汗·达吾提骑上院长的自行车，她的干劲更足了。

2009 年，肉孜汗·达吾提荣获“感动兵团”道德模范称号，有生以来第一次坐飞机到了首府乌鲁木齐，受到了兵团司令员华士飞等领导的亲切接见。回团后，她思绪万千，激动万分，决心以更大的工作热情投入到她热爱的计划生育工作中。近年来，五十团的人口计生工作开展得十分顺利，有许多育龄夫妇主动领取了《独生子女父母光荣证》和《计划生育光荣证》。

【评语】

一名维吾尔族妇女，就像沙漠中屹立的胡杨，勇敢冲破传统习俗，付出常人难以想象的艰辛和努力，用质朴的生命铸就了少数民族人口计生干部的光辉形象，不愧为这个时代和人口计生战线最可敬可爱的人，不愧为胡杨的女儿！

国家人口计生委政法司

强化责任意识 认真履行职责

开展创先争优活动以来，国家人口计生委政法司始终以科学发展观为指导，坚持以强化责任意识为切入点、以做好各项业务工作为出发点、以保障和维护群众合法权益为落脚点、将创先争优活动贯穿于每项具体工作中，认真发挥政法司参谋、助手和法律顾问的作用，服务大局，服务中心，积极开拓进取，取得了一定成效。

以活动带学习，强化责任意识。政法司每年年初都要制订党支部学习计划，全体党员通过每月定期集中学习和“午间沙龙”、“读讲一本书”等活动，对党的十七大以来重要文件精神进行传达和学习，重点掌握精神实质，提高政治理论素养。

以活动促党建，发挥表率作用。一是抓党建责任落实。坚持将党建工作与业务工作同研究、同部署、同考核，每年制定党建工作计划，进行责任分解，细化工作任务，实行“一级抓一级”的工作模式；司、处长为支部和学习小组的第一责任人。二是抓领导班子带头作表率。支部领导成员积极参与创先争优活动，带头加强学习，提高自身分析问题、解决问题和应对复杂局面的能力。

三是坚持民主集中制，不断探索民主形式。实行司（处）务会、支部全体会议和民主生活会制度，在司内形成了民主、团结、和谐、务实的良好氛围。四是发挥年轻党员作用。在党支部改选中，选举两名年轻党员为宣传委员，为年轻党员的成长提供展示才华的平台，使年轻党员在实践中不断得到锻炼。

以活动推廉政，做到廉洁自律。一是深入学习新修订的《廉政准则》。支部领导为全司同志讲解《廉政准则》各项要求，支部成员首先做到认真学习领会，严格贯彻执行。组织党员到燕城监狱接受廉政警示教育，做到廉政教育毫不松懈，拒腐防变警钟长鸣。二是严格落实党风廉政建设责任制。坚持分级负责，一岗双责。每年将党风廉政建设责任制工作任务分解落实到司内每一位党员，明确责任人和具体要求。三是健全廉政风险防控管理机制。在全面开展廉政风险防范工作的基础上，组织“回头看”活动，对原有廉政措施及时修改完善。

以活动抓落实，认真履行职责。政法司党支部始终牢牢把握创先争优活动的内涵，将创先争优的各项要求贯彻到政策制定和法律法规起草的具体工作过程中。特别是在利益导向政策体系建设和依法行政工作中，顺应社会发展要求和群众呼声，不断完善政策，推动政策落实。一是建立完善利益导向基本制度。即免费、扶助、奖励。免费包括基本技术服务免费、孕前优生健康检查免费、并发症免费治疗等；扶助包括建立农村奖扶、特别扶助、城乡独生子女父母养老照料等扶助制度。二是加强部门协调，整合资源形成合力。主动与相关部门协调配合，妥善处理好利益导向政策与扶贫开发、农业开发、社会救济、社会保障等政策的关系，推动各相关社会经济政策有利于人口计生工作，实现对计生家庭的优先优待。三是广泛组织开展社会关怀活动。包括“生育关怀行动”、“幸福家庭行动”、“幸福工程”等，努力使计生家庭在不同发展阶段都能享有关怀服务，促进家庭幸福和谐。

深入开展基层文明执法专项活动，有效维护群众合法权益。在委党组的直接领导下，于2010年在全国开展了人口和计划生育系统基层文明执法专项活动。专项活动电视电话动员会议是国家人口计生委成立以来规模最大、参加人数最多并且首次直接开到乡镇一级的会议。活动通过宣传动员、自查和清理、整改和建章立制、抽查和总结4个阶段工作，重点解决群众反映突出的工作方法简单粗暴、乱收费乱罚款、违规施术、不作为等问题，取得了明显成效。

利益导向机制建设的不断推进和基层文明执法活动的持续开展，对全面做好人口工作发挥了积极作用。一是提高了计划生育家庭的生活水平，改善了民生，使广大计划生育群众切身体会到党和政府的关心和温暖，取得了较好的社会效益。二是保障和维护了计划生育家庭的合法权益，促进了社会和谐稳定。三是群众的婚育观念发生了可喜的变化，自觉实行计划生育的积极性有了较大提高。四是提升了政府公信力，密切了党群干群关系，促进了工作思路和工作方法的转变。

【评语】

在创先争优活动中，以活动带学习，强化责任意识；以活动促党建，发挥表率作用；以活动推廉政，做到廉洁自律；以活动抓落实，认真履行职责。将创先争优贯穿于每项具体工作中，认真发挥参谋、助手和法律顾问的作用，服务大局，服务中心，积极开拓进取，国家人口计生委政法司在创先争优活动中取得了可喜成效。

国家人口计生委宣教司

“听说读写练” 打造优秀队伍

和司局长谈青年人成长。

又到了国家人口计生委宣教司每周的学习例会，这次轮到蔡菲同志的“我说时事”。她从加强和创新社会管理切入，联系当前百姓关注的衣食住行，论述了人口计生工作如何强化社会管理、提高服务水平的问题。她的发言引发了大家的热烈讨论。这样的学习活动已经成为宣教司文明单位建设的生动写照。宣教司在文明机关创建活动中，从“我说时事”开始，经过几年实践，逐渐形成了别具特色的“听说读写练”品牌活动。

听：一是“走下去听”。全司同志注重深入基层，进村入户，开展“零距离调研”，在了解国情的过程中加深和基层人民群众的感情。例如，罗迈同志五进藏区，听取农牧区干部群众的意见和建议，推动藏区人口健康促进项目取得成效。二是“请上来听”。请基层的同志到司里交流讨论，全司同志用心倾听、真情交流，同志们称为“反向零距离调研”。例如，听取了湖南同志的建议，宣教司开展了全国城乡人口计生标语口号清理更新工作，使全国的人口计生标语焕然一新。三是交流倾听。宣教司经常与兄弟司局、直属单位和有关部门开展“联学联读”，每年都有 10 次左右，明显提高了同志们的思想水平和学习能力。

说：宣教司每周学习例会都以“我说时事”开场，至今已坚持4年多的时间，每个人轮流主讲，用20分钟将上周以来国内外时政要闻进行综述，并结合人口计生工作实际提出合理化建议。从最初时的读报纸、做剪报到后来制作PPT和视频演示，从最初照稿念到后来脱稿演讲、侃侃而谈；从最初单纯讲述到后来增加即兴问答和现场点评，同志们的逻辑思维能力和语言表达水平不断提高。2010年年初，宣教司又推出了“我当主持”活动，同志们轮流担任学习例会的主持人，全权负责主题设计、议程安排、嘉宾邀请和现场主持，大局观念和协调能力显著提高。

读：司里每年都要推荐10多本书籍给大家阅读，除业务书之外，还包括当前热门的人文社科图书，如《苦难辉煌》、《国情备忘录》、《货币战争》等，经常有同志将读书心得在学习例会和网上与大家分享。在机关开展“读讲一本书”活动中，杨志媛同志读讲的《现在，发现你的优势》，直接引发全司开展了“品格形象自我认知”活动。通过自评和互评，帮助每个人知己知人、立己达人，及时发现自身的优势和不足。活动中，姜雯同志立下了“努力实现精细化工作”的承诺，并已成为全司工作的追求目标和品牌活动，得到了委领导的充分肯定。

写：2009年在开展文明机关建设活动中，全司同志开始传写《共享笔记》，至今已写满4本，近20万字，成为大家交流思想的心灵家园。张建司长在第一本笔记的首页，提出了“宣教司干部要作文明公务员表率”的号召。以后的笔记里，有“从执两用中到实事求是”的深刻思考，有“我爱每一片绿叶”的深情满怀，有“用心是做事的前提”经验之谈……一篇篇亲手写下的文章，真实记录了作为国家机关公务员的所思所想和所作所为，是同志们心路历程的鲜活写照，更是宣教司“共享”理念的生动诠释。

练：宣教司通过多种途径，让青年干部在实践中锻炼成长。一是基层锻炼。近年来，除4名同志赴基层挂职以外，还安排年轻人到直属单位和贫困乡镇锻炼，在实践中汲取营养。二是走出去练。组织年轻人团队，先后到国家机关工委党校、人民大学、国家地震局、团工委和卫生部等作演讲报告，展示青年人口计生工作者形象。三是压担子练。创造条件，让中青年干部承担重大工作和项目，让年轻人撰写重要文字材料，派最年轻的金婷同志在全委党建经验交流会上发言，使个人素质和团队战斗力在高强度磨炼中不断提升。

【评语】

“听说读写练”，5个看似简单的字，却蕴涵了极不简单的内涵。通过这5方面实践，打造出的是一支思想过硬、作风过硬、能力过硬、水平过硬的国家公务员队伍，显示出的是创先争优在队伍建设和培养方面所取得的显著成效。宣教司支部的创先争优活动，为文明机关创建做出了表率。

国家人口计生委科技司

真学实创　科技服务为人民

根据机关党委统一部署，科技司党支部紧紧围绕中心工作，结合“激情科技做奉献”，深入开展了创先争优活动。

一、牢记服务使命，助燃重建希望，成功探索再生育服务

（一）来自灾难的课题

汶川特大地震使许多父母失去了心爱的孩子。这些特殊悲痛的家庭牵动了国家人口计生委领导和每一位同志的心。在李斌主任直接指挥下，国家人口计生委迅速向国务院提出工作建议。温家宝总理、李克强副总理分别做出重要批示，同意对灾区子女伤亡家庭实行免费再生育技术服务，要求尽快落实政策，安定人心。这是抗震救灾的关键时刻，党中央、国务院交给人口计生部门的一项重要而艰巨的任务。

（二）积极的探索

在突然的使命面前，我们只有一个念头：尽一切努力帮助群众再生育。我们迅速做了6方面工作。一是摸清底数，掌握拟再生育家庭的数量和年龄构成等情况。二是立即成立专家指导组，从起点保证科学性和权威性。三是确定11项全程服务重点任务。四是强化能力建设。组织编写技术服务教材，开展专题技术培训，组织6省对口支援。五是制订工作方案，指导再生育工作科

学规范进行。六是震后 78 天，全面启动再生育全程服务项目。

四川各级人口计生干部和技术服务人员在频发的余震中，克服重重困难，全力为群众服务。开辟“绿色通道”，实施了孕前、孕中和分娩 3 个阶段“一对一”的全程服务，努力把服务做到最优、把风险降到最低，努力满足群众再生育一个健康孩子、重建幸福家庭的愿望。

（三）喜结硕果

经过 3 年的不懈努力，截至 2011 年 4 月底，拟再生育家庭中，已经有 3 884 名妇女成功再孕，2 927 名婴儿健康出生，在有能力、有生育愿望的再生育家庭中，已经有 95%实现再孕生育的愿望。再生育服务受到灾区群众和四川省各级党政领导的一致好评，认为这是灾后重建的一项重大行动，为稳定灾区、服务人民发挥了十分重要的作用。温家宝总理、李克强副总理在国家人口计生委《地震灾区再生育全程服务进展情况的报告》上做出重要批示。温家宝总理的批示是：“这项工作做得很好，要继续努力。”

二、着眼民族未来，创新实施国家孕前优生项目

（一）我们的探索

我国每年新增出生缺陷约 100 万人，给家庭和社会造成沉重负担。帮助群众少生孩子、生个好孩子，是计划生育的神圣使命。在委党组的带领下，经过深入探索、创新实践，2007 年明确出生缺陷一级预防定位，2008 年开始“孕前优生健康检查”试点工作，2009 年启动“优生促进工程”。在多年工作基础上，2010 年确立实施“国家免费孕前优生健康检查项目”，让每一对计划怀孕的夫妇在怀孕之前就接受免费的孕前优生健康检查，使预防关口前移，为减少出生缺陷发生风险筑起一道有效的防线。

（二）认真组织实施

一是强化顶层设计。我们组织专家反复研究，制定下发了技术规范；编制了5本服务指南并提出质量管理要求。二是强化过程督导和质量控制。分批培训试点地区管理干部和技术骨干，指导省级建立检验质量控制分中心。三是建立人群数据库。设计使用“国家免费孕前优生健康检查项目信息管理系统”，成为全国孕前优生相关信息最全、样本数量最大的人群数据库。宝贵的数据为深入进行科学研究、探索出生缺陷有效预防途径提供了丰富的信息支撑。

（三）项目初见成效

截至2010年年底，第一批100个试点县已为69万名农村计划怀孕夫妇提供免费孕前优生检查。试点地区优生检查人群覆盖率达到68.55%，优生宣传入户率86%、计划怀孕夫妇优生知识知晓率96%、优生咨询指导率92%，筛查出风险人群10.98万人。

项目深受基层干部群众欢迎。各级党政领导说，优生关系民生，实施这个项目是党和政府的重要职责。基层干部说，优生项目是又一项重大惠民政策，得民心顺民意。人民群众说，怀孕前就能接受免费优生健康检查，这是党和政府的关怀，咱老百姓真心欢迎。

【评语】

正是有了“用业务工作支撑创争，用具体实绩体现创争，切实做好每一项工作，争创一流的业绩，为事业添彩，为党旗增辉”这种创先争优意识和精神，国家人口计生委科技司才能在“免费再生育项目”和“免费孕前优生检查项目”中做出巨大贡献，不仅温暖了无数计划生育家庭，更把党的温暖送到了群众心上，成为创先争优的楷模。

中国人口与发展研究中心

深入开展创先争优活动 建设一流人口发展智库

参观燕城监狱

根据中央关于开展创先争优活动精神，按照国家人口计生委党组统一部署，中国人口与发展研究中心党委把开展创先争优活动作为当前和今后一个时期党建工作中心任务，成立由党政领导班子组成的活动领导小组，结合委党组建设“五型机关”要求，紧密联系中心实际，制订活动方案，以争创一流人口发展智库为目标，召开动员大会，周密部署，扎扎实实开展创先争优活动。

我们着力提高“责任意识”，开展学习全国人口计生基层工作者楷模王桂珍先进事迹活动；赴北京军区某集团军参观见学；召开中心成立30周年座谈会，表彰先进，举办成就展，以荣誉感提高责任感。我们着力提高“效率意识”，制定《科研成果奖励办法》、《内部项目招标办法》等规章制度，促进科研工作实现经费引导向项目引导转变，“单兵作战”向“集体攻关”转变，结果管理向过程管理转变。我们着力提高“服务意识”，深刻领会十七届五中全会关于全面做好人口工作的精神，提高服务人口发展大局能力；制定实施2010～2020年人才发展规划，提高党员队伍服务人口事业的素质。我们着力提高“学习意识”，中心领导班子带头建立每周读书日制度，开展“读讲一本好书”活动。我们着力提高“廉政意识”，开展“廉政教育宣传月”活动，举办《廉政准则》答题活动，赴司法部燕城监狱参观；制定“财务报销管理办法”、“科研发展基金管

推介认可预测软件边会会议场景。

理办法”等，从源头上夯实廉政基础。

通过开展创先争优活动，中心党组织和党员队伍建设有了新面貌，服务大局意识和能力明显提高。目前，党员职工比例超过55%，博士和硕士学位职工比例超过45%，初步建立了一支以党员为骨干、具有较高素质的人才队伍。创先争优活动的开展推动了中心各项事业又好又快发展，在我国人口发展领域发挥了重要作用，在国际人口发展领域发挥了特殊作用。

一、树立服务大局的责任意识，在完成重大任务中创先争优

承担国务院委托国家人口计生委的“完善人口政策和老龄化战略”重大课题，完成李克强副总理交办的“户籍人口城镇化与人口城镇化测算比较分析”、“中国劳动力变动趋势及判断”两项重大课题，获国务院领导和委领导给予充分肯定；完成国家人口计生委李斌主任交办的“教育适龄人口变动对幼儿早期教育的影响和对策”研究课题，形成送阅件上报，温家宝总理和刘延东国务委员作了重要批示。

二、深入开展人口发展政策对策和理论研究，在为全面做好人口工作提供智力支撑中创先争优

承担国家人口计生委交办的“主体功能区人口分布政策研究”，其成果成为各地制定主体功能区人口分布政策的范例。

举办国内人口与发展领域首次高级咨询会——中国人口发展咨询会(2010)，在国内率先提出构建“人口均衡型、资源节约型、环境友好型”三型社会的主张。

受联合国教科文组织委托，组织翻译出版世界知名人口学家编撰、代表人口学领域最高水平的《生命支持系统大百科全书人口学分卷》(中文版)，填补

了该大百科全书国内出版空白。

三、建设人口信息化基地，在打造人口公共管理和决策支持平台中创先争优

承担建设人口宏观管理决策信息系统（PADIS），一期工程顺利通过验收。2010年1月份，李克强副总理亲临中心视察，听取PADIS建设汇报，给予高度肯定和赞赏。PADIS流动人口系统基本完成全面升级，已经形成支撑全国“一盘棋”的信息化体系。

积极参与PADIS二期规划研究。开展人口信息化发展战略与PADIS二期项目建设框架研究，提出建设一个数据库、两级管理、三个平台、四种接入方式、五大战略、六级应用的设计理念。

四、建设我国最大的人口调查监测系统，在人口数据收集、挖掘、评估和应用过程中创先争优

建立120个县人口快速调查系统，及时监测和快速反应人口重大问题；设计和实施全国106个城市流动人口动态监测调查；建立我国人口领域最大的电话调查系统，承担全国人口计生部门行风电话调查；参与全国人口发展“十一五”规划中期和终期评估；组织实施全国流动人口计划生育省内“一盘棋”综合评估。

五、建设人口信息咨询传播平台，在服务人口计生工作和社会公众中创先争优

编辑出版的《人口与计划生育》杂志发行量达13.7万份，是我国发行量最大的行业指导性刊物之一。《中国人口和计划生育年鉴》发行量达1.2万册，《人口文摘》发行量达10.6万份。《当代中国人口》是我国人口领域唯一的英文杂志，“中国人口信息网”是我国人口领域信息量最大的网站，“中国人口与计划生育网”（英文版）是我国人口领域唯一的英文网站。各种刊物和网站成为传播人口信息、推介学术成果、国际社会了解中国的重要窗口。每年编辑出版的《人口和计划生育数据手册》、《世界人口数据表》、《中国人口数据表》，翻译出版《联合国人口基金年度工作报告》，为人口计生工作者和社会公众提供权威及时的人口数据服务。

六、以国际化视野扩大对外交流合作，在宣传我国人口发展成就和为国际人口发展奉献力量中创先争优

竞聘上岗大会。

2010年举办首届人口研究前沿与展望国际研讨会，成为我国境内水平最高、被国外专家评价为“世界一流水平的以人口为主题的国际研讨会”。

中心与美国千年研究所、美国弗吉尼亚大学等研究机构和高等院校签署合作协议，与人口行动国际等组织开展了密切合作。

为联合国开发了可在世界范围内推广应用的人口预测软件PADIS-INT，并于2011年4月14日在联合国人口与发展委员会第44届会议期间召开推介边会，获得极大成功。这是中国政府首次在联合国举办人口方面的专题边会，如此高规格的边会在联合国也是首次。PADIS-INT的成功研发和推广标志着中心在国际人口发展领域发挥了特殊作用。

【评语】

在创先争优活动中抓住重点工作，提升活动成效，取得了优异的成绩，为全面做好人口计生工作，促进人口长期均衡发展贡献了力量。

国家人口计生委药具管理中心

激发创先争优热情 推进药具事业健康发展

开展党员教育活动。

按照《中共国家人口计生委党组关于深入开展创先争优活动的实施方案》要求，国家人口计生委药具管理中心党委以学习实践科学发展观为主题，深入开展创建先进基层党组织、争做优秀党员的创先争优活动，积极推进中心“五型机关”建设，着力在“五好五带头，增强基层党组织的服务工能”上下工夫，为全面做好新时期药具管理与服务工作创造了良好的环境。

抓思想，强观念，用科学的理念提高对创先争优的认识。一是完善领导机制，确保活动效果。成立了中心领导挂帅的“创先争优”活动领导小组，领导小组下设办公室，具体负责创先争优的协调指导、督办检查、宣传报道和日常工作。二是制定活动方案，精心部署。紧紧围绕创先争优活动的目标要求，明确开展活动的重点任务和具体步骤，有针对性地制订活动实施方案，明确具体措施和要求。三是搞好思想动员，强化活动理念。通过深入动员、认真学习，增强了中心党员干部对活动的重要性和必要性的理解，激发了领导班子成员和党员干部的进取精神，形成了广大党员立足本职争当优秀的良好风气，充分发挥了共产党员的先锋模范作用，提高了中心党组织的凝聚力和战斗力。

抓管理，重制度，用科学的制度，树立党员干部良好形象。以开展“创先争优”活动为契机，中心从建立健全岗位目标责任制入手，建立学习、考勤、考核等长效机制，将党员干部的学习成果、工作业绩纳入年度考核，评先评优。同时引导全体党员干部适应时代发展要求，加强学习，更新思想观念，强化业务素质，树立终身学习的理念，提升工作能力，树立党员干部良好形象。

抓重点，强环节，用科学的措施，全面推进创先争优工作。一是细化创争标准，落实创争规划。通过召开专题学习讨论会或座谈会等方式，组织党员干部，对照标准，广泛深入地开展创先争优活动，在形成共识的基础上，制订创争方案。二是推行党务公开，做到公开承诺。对中心内部党员、群众关注的重大事项和热点问题，做到党务公开、财务公开；中心党委，各党支部和党员都将承诺书张贴在公开栏，接受群众监督。三是突出重点工作，做到两促进。重点做好药具管理与发放，把创先争优活动融入药具工作中，深化药具优质服务。

抓廉政，重实效，用科学的机制，创新创先争优活动载体。一是以建设廉政型机关为目标，中心组织召开全国计划生育药具系统廉政建设工作会议，并与驻委纪检组监察局联合印发了《全国药具系统全面推行廉政风险防范管理工作方案》，按照《廉政准则》，从岗位职责、工作程序、监督机制等各个方面分析筛查出个别部门权力过于集中的廉政风险点，制定防范管理措施，建立形成了“采购招标、计划调拨、发放管理、质量监管、经费分配”五权分离、相互制约的廉政建设风险防范管理工作长效机制。二是党委把“五好五带头”创先争优活动列入工作目标管理考核的重要内容，加强督促指导。三是结合建党90周年，开展“读讲一本书”活动，使党的先进性体现到全体党员身上，把落脚点放在进一步推动学习实践科学发展观上，把创先争优活动变成学习实践活动的再深化、再促进、再推动，成为“党员干部受教育，科学发展上水平，所有党员都受益”的生动写照。

抓队伍，强素质，用科学的要求，争做创先争优活动表率。根据“参公”对药具管理职能的强化，以构建学习型党组织为目标，加强队伍建设。一是党员发挥模范带头作用，组织中心全体干部参加全国统一组织的“生殖健康咨询员”执业资格考试，有效提高了党员干部的业务素质和职业技能。二是在全国药具系统开展“基本理论、基本知识、基本技能”岗位练兵活动和药具知识竞赛，掀起了全国药具系统“岗位大练兵、争当排头兵”的创先争优热潮。此次竞赛活动对全国药具系统内提素质、外树形象起到了促进作用，并展现了药具队伍风采。

【评语】

把创先争优活动作为学习实践科学发展观的延展和深入，加强党组织建设；在提升党员学习能力、解决“热点”，“难点”问题，树立党员新形象，激发党员工作热情等方面深入推进，切实把党的政治优势转化为科学发展的优势，促进各项工作不断创新，推进药具事业健康发展。国家人口计生委药具管理中心营造出了积极创建先进基层党组织、人人争做优秀党员的良好氛围。

中国人口出版社

深入开展创先争优活动 大力推进出版事业发展

自从党的十七大提出在党的基层组织和党员中深入开展创先争优活动以来，中国人口出版社党委按照国家人口计生委党组关于认真开展创先争优活动的要求和委直属机关党委的具体部署，紧密联系本社党建工作和出版工作的实际，制定了深入开展创先争优活动方案。经过社党委精心组织实施，各个党支部认真抓落实，全体共产党员共同努力，中国人口出版社的创先争优活动取得了显著成效，得到了中央国家机关工委、国家人口计生委党组的充分肯定。

一、党组织的战斗堡垒作用得到进一步发挥

在图书市场竞争日趋激烈，服务于人口计生中心工作的要求越来越高的大环境下，面对自己只有几十个人的小社如何发展，中国人口出版社制定了并经过一段时间的实践之后又完善了的“小木船——小快艇——巡洋舰——航空母舰”的发展思路；在文化体制改革大潮中，中国人口出版社率先转企。转企之后，中国人口出版社面临新的生存与发展态势，社党委及时制定了“从零开始，二次创业”的五年发展规划，解决了生存与发展的关系问题，统一了全社员工思想，明确了发展目标。在贯彻发展思路和落实发展规划的工作中，社党委书记陶庆军率先垂范，党委成员和各党支部成员，用党规党法约束自己、用党员的先进性要求自己，全身心地投入到创先争优活动，求真务实、团结协作、廉洁自律，从而增强了党组织的凝聚力、执行力和战斗力。近几年，中国人口出版社承担的人口计生系统内和系统外的重点图书越来越多，如《国家人口发展战略研究》、《国家十一五中期评估》、《统筹解决人口问题读本》、《首都发展战略研究——北京市“十二五”规划前期研究成果汇编》等。在重点图书出版工作中，为确保重点图书的成书时间和出版质量，社领导亲自组织协

调各部室工作，所有参与者紧密配合、恪尽职守、忘我工作、一丝不苟，充分展示了共产党员的先进性和模范作用。2008年以来，中央国家机关工委、国家人口计生委直属机关党委先后分别授予中国人口出版社“基层党组织先进单位”、“文明单位”、“抗震救灾先进基层党组织”称号；十名党员先后分别被中央国家机关工委、国家人口计生委直属机关党委授予“优秀党务工作者”、“优秀共产党员”称号。

二、图书出版工作服务于人口计生中心任务和满足群众需求取得了新的进展

在争先创优活动中，中国人口出版社坚持以科学发展观为指导，以服务好人口计生中心任务和满足广大群众需求为已任，把争先创优作为推动出版社发展的动力，为图书出版工作取得良好的社会效益和经济效益不断向前迈进。

（一）用心打造骨干队伍，增强软实力

中国人口出版社党委清醒地认识到，要贯彻好发展思路、实现发展规划的目标、高质量完成出版任务，必须建立起一支思想过硬、业务熟练、作风优良的出版队伍。为此，出版社采取自己培养人才和公开向社会招聘能人的做法，把年轻有为的人放到部室负责人岗位上打拚，把新进来的人放在关键岗位上磨练，使出版队伍得到实际锻炼、快速成长，整体素质明显提高，成为出版社业务骨干，创造“双效益”的带头人。

（二）大力提升经济实力，增强发展后劲

这是出版社党委在创先争优活动中谋划最多、用力最大、抓得最紧的一项综合性工程。首先，找准经济增长点，储备发展后劲资源，即把出版图书的重点放到农村去，以农村需求聚集出版资源，向更广阔的图书市场延伸；实施品牌战略，占据和扩大图书市场份额。其次，建立健全提升发展后劲的机制：一是按照出版资源的自然分布，重新组建了4个编辑经营中心；二是从读者群需

求自然分布入手，重新组建了农村图书营销中心和市场图书营销中心，提高了图书营销服务品质。第三，以建设社会主义新农村新家庭文化屋工程为依托，设立专门机构配合各级人口计生委参与农村新文化屋工程建设，配置人口计生专业图书及相关图书。第四，将出版少数民族人口图书作为一项长期的出版工程，为增进民族大团结挖掘新的出版资源，为建设和谐社会做出贡献。

【评语】

一个积极向上的领导班子；一支拼搏奋进，团结和谐的出版团队，为中国人口和计划生育事业的发展所做的贡献，得到了上级机关的肯定和赞誉。中国人口出版社没有在成绩和荣誉面前停滞不前，而是以创先争优为动力，调动一切力量，从零开始、二次创业，努力把人口计生图书出版事业做大做强，打造更多的图书产品品牌。